기독교 경제 윤리

모든 인간은 하나님의 형상을 닮은 존엄한 존재입니다. 전 세계의 모든 사람들은 인종, 민족, 피부색, 문화, 언어에 관계없이 존귀합니다. 예영커뮤니케이션은 이러한 정신에 근거해 모든 인간이 존귀한 삶을 사는 데 필요한 지식과 문화를 예수 그리스도의 사랑으로 보급시킴으로써 우리가 속한 사회에 기여하고자 합니다.

기독교 경제 윤리

지은이 · 황봉환
초판 1쇄 찍은날 · 2003년 3월 15일
초판 1쇄 펴낸날 · 2003년 3월 20일
펴낸이 · 김승태
편집장 · 최창숙
편집 · 최지영, 엄지연
표지디자인 · 이쥴희
등록번호 · 제2-1349호(1992. 3. 31)
펴낸곳 · 예영커뮤니케이션
　　　　110-616 서울 광화문우체국 사서함 1661
　　　　　출판유통사업부 T. (02)766-7912 F. (02)766-8934
　　　　　　　　　E-mail: jeyoungsales@chol.com
　　　　　　출판사업부 T. (02)766-8931 F. (02)766-8934
　　　　　　　　　E-mail: jeyoungedit@chol.com

ISBN 89-8350-259-2　03230

copyright ⓒ 2003, 황봉환

값 7,000원

■ 잘못 만들어진 책은 언제든지 교환해 드립니다.

기독교 경제 윤리

황봉환 지음

예영커뮤니케이션

추천의 글

오늘날은 경제 전쟁의 시대라고 할 수 있다. 경제 체제에 있어서 공산주의의 붕괴는 자본주의의 우월성을 확인시켜 주었다. 사회주의 국가 대부분이 유토피아적 경제 체제의 실패를 경험하고 모두가 자본주의로 돌아섰다. 이제는 국가의 대통령도 세일즈맨 정신으로 뛰지 않으면 살아남을 수 없는 무한 경쟁 시대가 되었다. 그러나 자본주의 경제 체제 역시 윤리성의 타락이라는 문제를 안고 있다. 돈이면 무엇이든지 할 수 있다는 맘모니즘(mammonism)도 문제려니와, 수단과 방법을 가리지 않는 부의 축적에 대한 욕망이 오늘날의 세상을 병들게 하고 있다.

이런 문제에 대해 아주 명쾌한 대답을 주는 책이 출판된다. 기독교 경제 윤리에 관한 이 책은 자본주의와 사회주의에 대한 성경적이며 칼빈주의적인 대답을 제시한다. 현대인들의 관심은 어떻게 돈을 모을 것인가에 대해 집중되어 있을 뿐, 그들이 가진 물질을 어떻게 나누며 살아가야 할 것인가에 대한 소명 의식이 없다. 나눌 줄 모르고 가지기에만 혈안이 된 현대인들에게 이 책은 하나의 윤리적 방향을 제시하고 있다.

황봉환 박사는 신학과 사회 윤리를 공부한 학자이다. 그는 10여 년 동안 스코틀랜드와 웨일즈에서 공부하면서 성경이 세상의 문제에 대해서 어떻게 말하고 있는가를 고민하였으며, 특히 기독교 경제 윤리에 대해 학위 논문을 썼다. 그는 가슴이 뜨거운 목사요 그리스도를 사랑하는 학자로서, 오늘의 한국에서 경제 정의 실현이 성경적으로 이루어지기를 호소하고 있다.

 모쪼록 이 작은 책이 모든 이들에게 큰 유익이 되기를 바란다.

2003년 1월 10일
총신대학교 명예교수,
대신대학교 총장 정 성 구

글머리에

성경과 신학은 오늘을 살아가는 모든 그리스도인의 삶의 영역에 실제적인 방향을 제시할 수 있어야 한다. 짧은 기독교 역사 속에서 한국 교회 성도들과 지도자들은 신학의 학문적 뼈대를 세우기 위해 노력해 왔다. 그리하여 교회의 부흥과 놀랄 만한 학문적 성과를 이루어 놓았다. 그러나 아직도 많은 그리스도인의 사상과 삶의 저변에는 비신앙적이고 세속적인 사고가 깔려 있으며 이는 그들의 행동으로 나타난다. 더욱이 한국 교회는 그동안 그리스도인에게 세상에서 행동하는 삶을 보이도록 가르치는 일에 소극적이었다. 국가의 경제적 성장과 발전에 따라 국민 대부분이 인본주의(자기 중심과 이기심) 사상과 물질주의의 화려한 매혹에 도취되고 있다. 현대인은 발걸음은 빨라졌으나 양심이 마비되어 가고, 논리적인 사고는 발전하나 이성을 잃어가고, 지식을 많이 습득하게 되면서 남을 속이는 범죄도 따라 지능화되어 가고, 일은 적게 하고 놀기는 좋아하는 세속화의 유혹을 받고 있다. 여기에 그리스도인들도 예외는 아니다.

진리가 우리를 자유케 한다면 그리스도인은 어떠한 환경에서도 자유함이 있어야 한다. 그런데 많은 그리스도인이 진리 안에서 참 자유를 누리지 못하고 있는 것 같다. 세상의 생존 경쟁에서 너무 시달리고 있기 때문일까? 아니면 부와 물질의 위대함에 신앙이 압도당해 버린 것일까? 온갖 유혹들로 흔들리고 있는 우리의 신앙이 변함 없는 하나님의 말씀에 뿌리박히도록 노력해야 되지 않겠는가? 다시 한 번 우리 속에 삶의 바른 철학과 목적 그리고 바른 윤리관을 정립해야 한다. 이 책은 경제인들을 위하여 쓴 것이 아니다. 미처 정립되지 못한 그리스도인의 경제 윤리관을 세우는 일에 큰 도움이 되도록 쓴 것이다. 그리스도인의 모든 삶은 하나님의 명령과 뜻에 따라야 한다. 삶 속에서 지혜로운 경제 활동이 필요한 것은 사실이지만, 경제 활동 자체가 삶의 목적이 되어서는 안 된다. 그리스도인이라면 하나님의 절대적 주권을 인정하고 그분을 영화롭게 하며 그분의 기쁘신 뜻을 따라 살아야 하는 것이다. 필자는 이 책을 통해 경제학자가 아닌 신학을 공부한 사람으로서, 성경을 토대로 사회 윤리적 관점에서 자본주의 경제 사상이 안고 있는 장단점들을 분석하여 평가하고 성경적 원리를 제시해 보았다. 이 책이 경제인들뿐만 아니라 한국 교회의 많은 성도들에게 읽혀서, 그들의 경제 활동에 많은 도움을 줄 수 있기를 바란다.

  필자는 총신대학교 신학대학원의 겸임교수로 임명을 받은 후, 기독교 경제 윤리와 물질관에 관하여 강의를 하기 위해 이 글을 준비했다. 우리는 이미 기독교 경제학을 전공한 훌륭한 학자들로부터 경제 윤리에 관한 많은 지식을 얻고 있다. 이 글을 준비하면서 그분들의 글을 많이 인용했다. 그분들의 연구와 공헌에 깊이 감사드린다. 그러나 필자가 평가하기로는 성경과 개혁주의 신학의 관점에서 경제 문제를 윤리적으로 평가하여 한국 교회 앞에 내어놓은 글은 별로 없는 것 같다. 필자의 연구는 학문적으로 빈약한 점이 많을 것이다. 신학을 연구하고 가르치는 자로서 경제에 대한 충분한 지식 없이 경제 문제를 다룬 것을 송구스럽게 생각하고 있다. 그러나 아무쪼록 이 글을 통해 한국 교회 성도들에게 바른 경제 윤리관을 심어 주어 그들이 가정이나 직장이나 그 밖의 삶 속에서 하나님의 영광을 드러내기를 간절히 바라는 마음에서 이 글을 준비했다. 필자를 포함한 한국 교회 성도들 모두가 세속적 탐욕과 허영심을 버리고 보다 성숙한 자세로 진실하고 정직하고 겸허하고 규모 있게 살아가기를 소망한다.

끝으로 이 책을 읽고 추천의 글을 써 주신, 나의 큰 은사이시며 총신대학교 명예교수님이시자 대신대학교 총장이신 정성구 목사님의 관심과 사랑에 깊이 감사 드린다. 그리고 이 책의 출판을 기꺼이 맡아 주신 도서출판 예영커뮤니케이션의 김승태 사장님과 편집부에도 깊이 감사 드린다. 늘 나의 건강을 위해 염려하고 따뜻하게 남편을 뒷바라지하며 기도로 후원해 준 사랑하는 아내에게 고마움을 전하며, 자기와 함께 놀아 주지 않고 늘 공부만 하는 아빠라고 자주 불평을 털어 놓는 아들 정현이와 기쁨을 같이하고 싶다.

 이 글을 읽고 성경대로 살아가려고 노력하는 모든 성도들에게 그 어느 곳에서도 얻을 수 없는 하나님의 은혜와 축복이 충만하기를 기도한다.

2003년 1월 5일
황 봉 환

차례

추천의 글 … 4
글머리에 … 6

1장 현대 산업 사회의 문제점 … 13

1) 빈부의 격차 · 16
2) 사회적 불안 · 18
3) 환경 오염 · 21

2장 기독교인의 경제학 이해 … 25

1) 경제학 이해 · 29
2) 경제학 연구의 필요성 · 30
3) 기독교 경제 윤리학이 할 일 · 32

3장 기독교 경제 윤리의 성경적 원리 … 39

1) 창조의 원리 · 42
2) 인간의 타락과 노동 · 44
3) 하나님의 율법 · 48
   (1) 십계명 · 49
   (2) 일반 사회 경제법 · 59
   (3) 모세의 율법으로 본 토지관 · 65

4장 사회주의 경제 이론과 그 윤리적 평가 … 75

1) 사회주의 경제 이론 · 77
   (1) 공산주의 강령 · 78
   (2) 신 마르크스주의의 사회주의 강령 · 80
   (3) 사회민주주의 강령 · 81
2) 사회주의 경제 이론의 윤리적 평가 · 83

  (1) 국가 주도의 경제 이론 · 83
  (2) 재산의 공동 소유와 사유 재산의 폐지 · 85
  (3) 인간의 자유 · 87
  (4) 인간과 노동 · 92
  (5) 경제적 불평등 · 95
 3) 사회주의 경제 이론에 대한 종합적인 평가 · 98
  (1) 공동 소유에 대한 국민 의식 · 98
  (2) 국가 주도의 경제 활동과 공동선의 실현 · 101
  (3) 소유와 분배 평등의 실현 · 102

5장 기독교와 자본주의 … 105

 1) 자본주의란 무엇인가? · 109
 2) 자본주의의 발생 · 111
  (1) 개인주의 · 113
  (2) 정치적 상황 변화 · 114
  (3) 기술의 변화 · 115
 3) 칼빈(Calvin)의 경제 사상과 자본주의 정신 · 115
  (1) 재산의 소유와 사용 · 119
  (2) 칼빈과 노동 · 121
  (3) 돈과 이자에 관한 칼빈의 견해 · 125
 4) 자본주의에 대한 성경적 비평 · 137
  (1) 자본주의가 지니고 있는 장점 · 137
  (2) 자본주의가 지니고 있는 약점 · 144
 5) 자본주의와 경쟁 · 157
  (1) 경쟁의 긍정적 측면 · 158
  (2) 경쟁의 부정적 측면 · 160
  (3) 경쟁과 그리스도인의 자세 · 162
 6) 이자에 관한 성경적 평가 · 167
  (1) 대부와 이자에 관한 구약 성경의 교훈 · 168
  (2) 대부와 이자 놀이 금지에 관한 평가 · 172

6장 맺는 말 … 177

참고도서 … 182

1. 현대 산업 사회의 문제점

- 빈부의 격차
- 사회적 불안
- 환경 오염

1장 현대 산업 사회의 문제점

동란 이후 한국은 세계에서 가장 빈곤한 국가들 중 하나였다. 그러나 1960년대 초반의 한국 경제와 지금 2000년대를 비교해 보면 거의 기적과 같은 성장을 이룬 것을 알 수 있다. 이런 경제 성장을 가져오게 한 배경에는 여러 가지 요인들이 있다. 그러나 이러한 눈부신 경제 성장을 사회적으로 통합하여 지속적인 발전 모델과 경제의 윤리적 규범을 제시하지 못함으로 인해, 산업화 이후 인간과 사회 가치관에 혼란이 발생했던 것은 사실이다. 무엇을 위해 산업화를 지속해야 하고, 무엇을 위해 경제 발전을 지속시켜야 하는가? 산업 사회 속에서 인간의 존엄성과 사회의 가치관을 어떻게 발전시켜 가야 하는가? 이러한 것들이 경제 성장 이후 우리 사회가 직면한 문제점들이다. 이에 대해 고민하는 그리스도인들은 학문적인 연구를 통해 이러한 문제점들을 풀어가도록 노력해야 할 것이다. 이것이 기독교 지도자들에게 주어진 사명이요 또한 사회적 책임이다.

인류 사회에 커다란 문명의 변화를 가져오게 한 것이 있다면 그것은 1760년경 영국에서 시작된 산업혁명이다. 그러나 산업혁명 이전에 14, 15세기에 유럽을 중심으로 일어난 문예부흥(Renaissance)은 사람들로 하여금 인류 사회의 전반적인 발전을 위해 생각하게 만드는 기회를 제공해 주었다. 문예부흥(Renaissance)과 종교개혁(Reformation)은 인간 개인의 사회적 책임성을 강조하게 만들었으며, 개인이 전문적인 기능을 맡게 되는 길을 열어 주었다. 이러한 변화를 기반으로 하여 18세기 중엽 유럽에서는 기계를 발명하여 인간 생활을 편리하게 하는 여러 가지 수단을 만들어 내게 되었다. 이러한 기계 문명의 변화를 산업혁명(産業革命)이라고 한다. 이러한 사건을 토대로 하여 현대와 같은 산업 사회가 형성되었다. 우리 나라도 산업혁명의 영향을 받아 5차에 걸친 경제 개발 계획을 통해 오늘과 같은 선진 문명에 진입하는 국가가 되었다. 어떤 분야에서는 기술문화(특히 정보 산업 분야)를 주도하고 있을 뿐만 아니라 선진 문화의 기반을 조성하는 일에 기여하고 있다.

이렇게 눈부시게 발전한 산업 사회의 경제 성장이 국민들에게 생활의 편리함과 다양한 문화 생활을 누리도록 만들어 주었다. 그러나 문화적 혜택과 함께 산업 사회는 새로운 문제에 직면하게 되었다. 이것이 해결되지 않는다면, 그 모든 혜택들은 인간의 생존(生存)과 문화(文化)를 하루아침에 파괴시킬 무서운 무기로 변하게 될 수도 있다. 사회적인 변화와 사상적인 혁명이 필요한 시대이다.

그러면 현대 산업 사회가 직면하고 있는 문제점들을 몇 가지로 정리해 보자.

1) 빈부의 격차

발전된 산업 사회 안에서 빈부(貧富)의 격차는 점점 커지고 있다.

산업 혁명 이전의 사회는 개발되고 생산된 물자가 풍부하지 못해 생활에 불편한 점이 많았다. 사회가 발전된 이후 생산된 물자가 풍부해졌지만 인간의 요구와 소비 또한 함께 증가함에 따라 다시 물자를 조달하는 일이 점점 어려워지고 있다. 자원은 한정되어 있고 소비는 늘어가는데, 인간의 한정된 수입으로는 원하는 모든 물자를 얻을 수 없기 때문이다. 발전된 자본주의(資本主義) 사회 경제 구조의 틀이 빈부의 격차를 심화시키고 있다. 자본주의 경제 구조는 사회와 이웃에 대한 나눔의 윤리를 강조하지 않고 있다. 또한 자본주의 법(法)만으로는 개인의 부(富)와 재산(財産) 축적을 방지할 수 없다. 자기 자본과 자기 노력의 결과로 모은 돈과 재물이라면 아무리 많이 모으고 축적해도 그 일이 잘못되었다고 말할 수 없다. 왜냐하면 자본주의는 개인의 사유 재산권을 인정하고 있기 때문이다. 물론 어느 사회든지 빈부의 격차는 있게 마련이고, 이에 따라서 사회의 현상은 다르게 나타난다. 부한 자들은 생활에 필요한 모든 욕구들을 충족시킬 수 있다. 나아가 자기 행복의 충족을 위해 물질을 낭비할 수도 있다. 이러한 현상에 대한 방치는 많은 사람들에게 부와 물질이 곧 인간의 행복을 좌우한다는 잘못된 영향을 끼칠 수 있다. 따라서 물질적 빈곤에 처한 자들은 개인의 행복을 추구하고 인간 욕구를 채우기 위해 부정, 사기, 도적질, 뇌물 요구 등 불의한 방법으로 부를 증진시키고자 할 것이다.

커져 가는 빈부의 격차는 모든 산업 사회가 안고 있는 필연적 현상이라고 볼 수 있다. 사회 내에서 발생하는 여러 가지 요인들로 인하여 빈부의 격차는 자연적으로 생겨나게 마련이다. 그러나 문제는 자신에게 주어진 재능을 개발하여 부와 재산을 모은 것이 아니라 불로소득으로 인하여 갑자기 부자가 된 자들과, 아무리 노력해도 열악한 환경을 벗어날 수 없는 농촌의 농민들, 공장의 근로자들, 하급 공무원들 그리고 영세 상인들 사이의 빈부차이다. 이러한 현실 속에서 기독교 윤리가 해야 할 일은 부의 축적이 어떤 방법으로 이루어져야 하는지, 그리고 가난한 이웃이 존재하는 사회에서 부한 자들이 해야 할 사회적 책임이 무엇인지를 밝혀 주는 것이다. 자기에게 주어진 재능을 따라 근면(勤勉)과 절제로 부를 축적해야 하며, 또한 부자가 된 후에도 겸손하게 하나님의 사랑을 이웃들에게 실천하며 재물을 사용하는 것이 기독교가 말하는 부의 가치관이다.

성경은 이렇게 명령하고 있다. "땅에는 언제든지 가난한 자가 그치지 아니하겠으므로 내가 네게 명하여 이르노니 너는 반드시 네 경내 네 형제의 곤란한 자와 궁핍한 자에게 네 손을 펼지니라"(신 15:11). 경제가 아무리 발전해도 빈부의 격차는 필연적으로 계속될 것임을 말한 것이다. 그러기에 부자들은 반드시 그들의 손을 가난한 자들을 위하여 펼쳐야 한다. 잠언의 기자는 "가난한 사람을 학대하는 자는 그를 지으신 이를 멸시하는 자요 궁핍한 사람을 불쌍히 여기는 자는 주를 공경하는 자니라"(잠 14:31)고 했다. 그러므로 부유한 자들이 가난한 자들을 위하여 자신의 부를 사용하는 것이 하나님의 섭리에 따른 바른 경제 활동이요, 그리스도인의 사회적 책임이라고 말할 수 있다.

2) 사회적 불안

산업 사회는 여러 가지 사회적 불안에 직면하고 있다. 과거 우리 사회는 관료주의 사회였다. 과거부터 권력을 움켜쥐기 위해 일어났던 당쟁 싸움은 오늘 이 시대에도 계속되고 있다. 우리 사회는 어느 사회보다도 정경유착이 깊이 뿌리박혀 있었다. 국가 공직자들은 국민의 봉사자(civil servant)로서 국민의 세금을 녹으로 받아 생활하는 자들이다. 물론 공직자들의 빈약한 노동 임금은 인상되어야 하며, 열악한 생활은 개선되어야 한다. 그러나 우리 나라의 공직 사회는 행정적으로 정경(政經)유착(癒着)의 고리를 끊을 수 없게 되어 있었다. 사소한 민원 처리도 뇌물을 주고받지 않으면 해결될 수 없을 정도로 부정부패(不正腐敗)가 만연되어 있었다. 공직자가 뇌물을 받으면 무죄한 자를 해치게 된다. 왜냐하면 뇌물을 받으면 뇌물을 준 사람에게 여러 가지 유익을 주기 위해서, 뇌물을 주지 않은 사람에게는 불이익이나 손해가 돌아가도록 할 수밖에 없기 때문이다. 이러한 풍토는 경제 개발의 과정에서 있었던 부끄러운 사회 현상이었다. 그러나 지금 우리 사회는 정경유착의 고리를 끊어 가는 정직하고 깨끗한 공직 사회 풍토를 만들어가고 있다. 깨끗한 공직 사회를 만들기 위해 노력하는 자들이 늘어가고 있다.

우리는 국가의 경제가 발전해 가는 중에 큰 경제 위기(IMF)를 만난 적이 있다. 지금까지도 균형 있는 발전을 위해 확대 혹은 감축 등의 구조 조정을 하지 않으면 안 된다. 대부분 기업들은 자신의 미래에 대해 너무 낙관적으로 생각했으며, 지나치게 확장에만 몰두하였다. 그것도 자기 자본이 아니라 국가나 혹은 다른 사람의 자본(資本)으로 말이다. 무조건 성장하고 발전하는 기업은 이 세상에 없다. 기업은 성장할 수도 있고 망할 수도 있다. 기업의 성패는 기업 경영에 따라 좌우된다. 한국 경제는 개발도상국가들 중에서 모범적인 국가로 발전했다. 그것은 국민 모두가 열심히 노력하고 일했으며 검소하고 절제하는 생활을 했기 때문이다. "손이 부지런한 자는 부자가 되느니라"(잠 10:4)는 말씀처럼 열심히 일한 근로자들의 손은 한국 경제 발전의 원동력이 되었다.

 1980년대 중반부터 대기업과 중소기업에 노동조합(勞動組合)이 발족되기 시작했다. 노조가 결성된 이후로 노동자들은 회사에 근로 환경 개선과 임금 인상을 요구하며 노사분규를 계속했으며, 이는 지금도 계속되고 있다. 노동자들은 부지런히 일하던 일손을 멈추고 정부와 회사를 상대로 자신들의 요구 조건이 수용되도록 파업을 주도했다. 물론 기업주에게 문제가 전혀 없다는 것은 아니다. 기업주는 기업 구조와 경영 환경과 근로자들의 생활을 개선해 주어야 한다. 그리고 회사의 발전과 경제적 이득에 따라 노동자들의 생활에 어려움이 없도록 임금을 인상시켜 주어야 한다. 그러나 노동자들을 위한 근로 개선이 이루어지지 않자 노사분규가 일어났고, 이로 말미암아 회사와 근로자들은 엄청난 경제적 손실을 당했다. 반면에 노동의 가치를 모르는 졸부들은 땀 흘리지 않은 불로소득을 가지고 사치와 낭비로 경제 불안을 가속시키며, 경제적으로 가난한 자들에게 심리적 불안감을 조장하고 있다.[1] 이러한 상황에 대하여 기독교는 깊은 관심을 갖고 문제점들을 윤리적으로 규명하는 작업을 해야 한다. 물론 기독교는 영혼 구원을 위해 복음 증거와 신자들을 양육하는 일을 먼저 해야 한다. 경제 문제나 사회 문제를 해결하기 위해 이것에만 깊이 개입하는 것은 바람직하지 않다. 이에 대해 이만기 교수는 "기독교가 노사 문제에 정치·경제적 또는 종교적으로 개입하고 그것으로 천국 건설의 수

---

1) 이만기, 「기독교와 경제 윤리」 (일신사), p. 129.

단을 삼으려는 것은 옳지 않다"[2]고 지적했다. 기독교는 노사 문제 이전에 먼저 근로자와 기업주 그리고 회사에 관련된 모든 사람들에게 자신이 해야 할 일이 무엇인가를 깨닫게 하고 근본적인 문제가 무엇인가를 생각하여 노사가 협의(協議)와 화합(和合)으로 문제들을 풀어 가도록 윤리적 방향을 제시해 줄 수 있어야 한다.

3) 환경 오염

환경 오염으로 인한 자연의 파괴와 국민의 정서적 불안 역시 사회적 불안의 한 요인이다. 경제 발전과 자연 환경은 밀접한 관계를 가지고 있다. 경제 개발로 인하여 생태계(生態界)가 파괴되고, 동식물의 서식지가 침해를 받으며, 자연 환경이 오염(汚染)되었다. 자연 환경 오염은 이제 인류의 생존에 위협을 가하고 있다. 기계 문명의 발달로 인하여 생활 수단이 된 자동차들이 뿜어내는 배기가스는 인간의 생명에 위협을 줄 정도이다. 마구잡이 개발로 인하여 도시나 지방 할 것 없이 들어서는 아파트, 빌라, 대형 건물들 때문에 아름다운 자연이 쓰레기장으로 변하고 있다. 더욱이 산업 쓰레기인 건축 폐기물과 음식 쓰레기 그리고 각 가정에서 배출되는 쓰레기는 점점 더 국토를 위협할 것이다. 물 역시 정수한 물이나 허가받은 샘물이 아니고는 마음놓고 마실 수 없게 되었다. 특히 비양심적으로 내다버린 산업용·가정용 쓰레기들은 자연을 심각하게 훼손시키고 있다. 대기 오염은 지역

---

[2] Ibid., p. 180.

적 현상이 아닌 전 세계적 규모로 확산되고 있다. 이처럼 경제 개발로 인한 환경 파괴는 국민 총생산의 증가 속도 이상으로 심각하다.

이러한 환경 오염은 첫째, 기업에 재정적 부담감을 안겨 주고 있다. 기업은 자연 환경을 파괴하고 수질을 오염시키는 폐기물을 처리하기 위한 설비를 갖추어야 한다. 이제는 오염 물질의 배출 규제가 정해져 있고, 기업들은 일정한 기업 단지 안에서 경영을 해야 하기 때문에 신규 공장이나 확장 건설에 대해서도 규제를 받고 있다. 오염 물질의 배출 기준을 지키지 않는 공장은 문을 닫아야 할 것이다.

둘째, 공해는 오존층을 파괴하고 있다. 지상 20-30km에 위치하는 오존층은 태양으로부터 오는 인체와 동식물에 해를 끼치는 자외선을 차단하고 지구상의 생태계를 보호해 준다. 그러나 경제 개발과 함께 심각한 공해로 인하여 오존층이 파괴되고 있다. 1984년에는(9월과 10월 사이) 남극 상공과 노르웨이 상공에 커다란 무오존층 구멍(ozone hole)이 관측되기 시작했다. 최근에 오존층 파괴의 주범이 유기염화합물로 밝혀졌다. 이것이 상층권에서 자외선에 의해 분해되어 염소원자를 발생시키는데, 한 개의 염소원자는 십만 개의 오존분자를 파괴하는 것으로 규명되었다.

셋째, 특별히 프레온가스로 알려진 CFC(chlorofluorocarbon, 오존층을 파괴하는 원인 물질)는 1930년대 후반부터 생산되기 시작했으며 현재의 생산량은 연간 100만 톤에 달한다고 한다. 그 생산량 중에 서방 선진국들이 75%, 러시아(구 소련)가 6%, 그 밖의 국가들이 18% 그리고 우리 나라도 1%를 생산하고 있다. 오존량이 10% 감소하면 지상의 자외선은 20% 증가하고 피부암 발생률이 30-50% 증가할 것으로 보고된 바 있다. 미국 환경보호청(EPA: Environmental Protection

Agency)은 오존층 감소 추세가 현 수준으로 계속되면 10년 후에는 전 세계에서 피부암 환자가 5억에 달할 것이라고 경고했다. 수질오염 및 대기 오염 물질은 기체 또는 먼지의 형태인데 기체는 아황산가스, 황아수소, 일산화탄소, 이산화탄소, 암모니아, 일산화질소, 오존, 탄화수소 등이 있다. 이것들은 눈점막천식, 호흡기질환, 폐암 등을 유발하고 악취를 뿜어낸다.[3] 인류 문화 생활의 향상과 보다 편리한 삶을 위한 새로운 제품의 개발 및 신기술 개발은 지속적으로 이루어져야 한다. 그러나 삶의 향상과 편리함을 더해 주기 위한 기술 개발과 제품의 생산이 자연을 파괴하고 인간의 생존에 불행을 가져오게 하는 것이라면 사람들은 그것을 환영하지 않을 것이다. 현재의 자기 유익보다 미래의 후손들과 인류의 행복을 위해 하나님께서 만들어 주신 자연을 가꾸고 지켜 가야 하며, 그 구체적인 노력으로 유해 물질의 방출을 최소화시키는 일에 각별한 신경을 써야 할 것이다. 하나님께서 인간에게 주신 지혜는 개발과 생산뿐만 아니라 생존에 위협을 가하는 일을 방지하고 막는 일을 위해서도 사용되어야 한다.

---

3) 김정한, 《목회와 신학》 1993년 9월호 (두란노), pp. 42, 43.

2 기독교인의 경제학 이해

- 경제학 이해
- 경제학 연구의 필요성
- 기독교 경제 윤리학이 할 일

2장 기독교인의 경제학 이해
   (Understanding of Economics for Christian)

경제학이란 본질적으로 인간 생활 속에 주어진 자원을 어떻게 생산하고 관리하고 활용하는가에 관련된 학문이다. 경제(economy)란 용어의 어원적 의미는 헬라어 오이코노무스(oikonomous)에 근거를 두고 있다. 오이코노무스(oikonomous)는 '집'을 뜻하는 오이코스(oikos)와 '법, 규제 또는 규칙'을 뜻하는 노무스(nomous)가 합쳐진 합성어로서 그 의미는 '가정과 가족을 검소하고 알뜰하게 잘 다스린다'는 말이다. 그러므로 인간이 생활함에 있어 가정과 가족을 잘 다스리고 관리하는 것이 경제학의 시작이 되었다.

이러한 경제학 개념이 인류 사회의 경제 생활에 적용되면서 인간은 '물질 생활과 직접 관련된 자원을 어떻게 생산하고(Production), 취득하고(Aquisition), 점유하고(Possession), 소유하고(Ownership), 관리하고(Administration), 사용하고(Use) 그리고 처분할(Deposition) 것인가?' 그리고 '이 세상 안에 한정되어 있는 물질적 자원을 어떻게 효율적이고 경제적으로 사용할 것인가?'에 대한 문제들을 연구하게 되었다. 이러한 연구가 경제학 연구로 발전하게 되었다. 이 결과로 오늘날의 경제학 연구는 가정과 가족의 관리와 경영의 범위를 훨씬 뛰어넘어 기업(중소기업이든 혹은 대기업이든)과 생산자(生産者)와 소비자(消費者), 그리고 다른 경쟁 기업들과의 관계와 나아가 국내외 수많은 기업들과의 관계에 대한 폭넓은 범위를 다루면서 발전하고 있다. 일반적으로 경제학의 범위는 크게 3가지 범주에서 다루어지고 있다. 이것들을 우리는 미시경제학(Microeconomics), 거시경제학(Macroeconomics) 그리고 국제경제학(International Economics)으로 구분한다.

첫째, 미시경제학(Microeconomics)은 개인, 가계 그리고 개인 기업과 같은 개별적 경제 단위와 개별 시장을 그 연구의 대상으로 삼는다. 둘째, 거시경제학(Macroeconomics)은 국민 전체의 경제를 하나의 총량적 개념으로 파악하고 재화와 용역의 흐름에 역점을 두면서 국민 소득이나 고용, 물가 수준, 소비와 저축 그리고 투자의 결정 요인이 무엇인가를 그 연구 대상으로 삼고 있다. 셋째, 국제경제학(International Economics)은 국가와 국가 간의 경제적 관계를 그 연구 대상으로 삼는다.[4]

비록 경제학의 연구 범위를 이 세 가지 범주로 분류하고 있지만 그 접근 방법은 모두가 경제적 사고 방식을 기초로 연구되고 있다. 이렇게 광범위한 경제 영역을 그 연구 대상으로 삼는 경제학은 연구의 범위나 대상에 따라 정의가 다를 수 있다.

정치 경제적 관점에서 경제학은 '인간의 욕망을 만족시키기 위한 물질적 수단이나 또는 부를 생산, 분배, 소비함에 있어 영향을 미치는 조건이나 법칙을 연구하는 과학'으로 정의된다. 또한 '인간이 그의 복지 감각을 최대한으로 만족시키기 위하여 선택하는 방법을 연구하는

---

4) 김세열, 「기독교 경제학」 (도서출판 무실, 1990), P. 24.

학문'으로 정의하는 사람도 있다. 그리고 노벨 경제학 수상자인 사무엘슨(P. A. Samuelson)은 "경제학이란 … 제한된 자원의 활용 방법과 생산물의 분배 방법을 어떻게 선택하는지를 연구하는 학문이다"라고 정의했다.[5] 그러므로 경제학이란 물질에 대하여 무한한 욕망을 가지고 있는 인간이 그 욕망을 성취하기 위해 한정된 자원을 효율적으로 사용하도록 연구하는 학문이라고 할 수 있다.

이러한 경제 정의의 관점에서 볼 때 인간의 모든 활동은 경제 행위와 깊은 관련이 있다. 그리고 인간은 보다 나은 경제적 복지 생활의 선택을 위해 노력하고 있다. 따라서 경제학 연구는 곧 인간의 행동 방법을 연구하는 것과 같고 인간의 일상 생활은 곧 경제 생활이라고 말할 수 있다. 그렇다면 인간의 경제 활동에 대하여 성경은 무엇을 말하고 있는가? 그리스도인의 경제 활동과 관련된 물질이나 돈이나 재산의 소유, 취득, 사용, 분배 등에 대하여 성경이 가르치는 원리는 무엇인가? 이러한 인간의 경제 행위에 대한 성경의 가르침과 신학의 원리를 토대로 그리스도인의 경제 활동을 도덕적으로 연구하는 학문을 기독교 경제 윤리라고 말할 수 있다.

1) 경제학 이해

인간의 모든 활동은 경제 활동과 관련되어 있다. 인간의 경제 생활은 가정을 중심으로 한 원시 경제 활동의 물물교환으로부터 시작하여

---

5) Ibid., pp. 24, 25.

화폐 단위의 자본과 함께 상거래가 이루어지는 사회적 경제 활동으로 발전되었다. 이러한 경제 활동에 깊이 관련된 인간은 경제 활동의 진행 상황과 그로 말미암아 발생하는 여러 가지 경제 행위의 문제점들을 이해하는 지식이 필요하다. 왜냐하면 앞에서 살펴 본 바와 같이 경제학이란 근본적으로 인간이 어떻게 효율적으로 사회 생활을 유지해 갈 것인가를 연구하는 학문이기 때문이다. 경제 활동에는 생산과 분배 그리고 재화와 용역의 소비 활동이 있다. 이들의 관계에 있어서, 자원은 한정되어 있으나 생산과 소비에 대한 인간의 욕망은 무한히 계속된다. 경제학은 '제한된 생산 자원으로 인간의 끝없는 욕망을 어떻게 충족시킬 수 있을까? 하는 문제를 다루기 때문에, 가정이나 교회나 사업장에서 보다 나은 경제 활동을 영위하기 위해 경제학의 바른 이해는 필요하다.

2) 경제학 연구의 필요성

경제학을 연구하는 중요한 이유로는 여러 가지를 들 수 있다. 현대인들의 경제 활동은 광적인 소비, 불합리적 목적 달성을 위한 불공정 거래 그리고 불법적인 생산 판매 수단의 난무로 사회는 경제적 혼란을 겪고 있다. 이러한 잘못된 인간 경제 활동의 태도를 바로잡고 정의로운 경제 활동이 정착되도록 하기 위해 경제학을 윤리적으로 연구하는 작업은 필요하다. 경제학의 학문적 원리나 실제 생활에 대한 적용은 국민 모두에게 큰 유익을 준다.

경제학 연구의 필요성을 정리하면 다음과 같다.

첫째, 정부가 국민 생활을 위해 다루는 생산량, 수입량, 가격 조정, 고용 창출, 소비와 절약 등의 경제 문제를 이해할 때 그것이 국민 생활에 직접적인 유익을 줄 수 있기 때문에 경제학 연구는 필요하다. 경제학은 다른 학문과는 달리 국민 생활과 직접적인 관계를 가지고 있다. 우리가 실제적인 경제 생활을 어떻게 해야 하는가에 관한 근본적인 학문이 바로 경제학이다. 우리는 가정 생활을 위해 가게나 시장에서 무엇을 사거나 팔 때 경제학적으로 처리하고 행동한다.

둘째, 경제 원칙이나 질서의 기본적 이해를 통해 자신뿐만 아니라 이웃의 생활 조건까지도 향상시키고 발전시킬 수 있기 때문에 경제학 연구는 필요하다. 모든 국민들은 우리가 어떻게 일을 하고 그것이 잘 운영되도록 할 것인가를 이해해야 한다. 경제학은 임금의 조정 문제, 세금의 조정 문제, 물가의 상승과 하락의 문제들을 다루면서 무엇이 국민들에게 불황과 번영을 유발시키는가에 대하여 연구한다. 그러므로 민주주의 국가에서 경제에 대해 훈련받은 국민들이 많으면 국가 경제에 현저한 발전을 주게 된다.

셋째, 경제학 이해와 연구는 그리스도인에게도 역시 필요하다. 그리스도인의 관점에서의 경제학 이해는 자기 자신만을 위한 것이 아님을 알아야 한다. 그리스도인은 자신과 이웃과 국가와 그리고 국제 관계에서 공동선을 이루어가야 할 사명을 가지고 있다. 그것이 예수님이 명령하신 이웃 사랑의 실천이다. 그리스도인은 검소한 경제 활동과 이웃의 경제 활동의 증진을 위해 함께 노력해야 하는 자들이다. 사회적 관점에서 볼 때 이웃의 경제 활동의 증진을 위해서만 연구하는 것이 경제학의 목표는 아니다. 그러나 일반적으로 인류의 보다 나은 경제 생활의 증진을 위해 노력해야 한다는 것이다. 그리스도인은 하나님 안에서 자신과 이웃의 생활을 향상시킬 수 있는 행복한 삶이 무엇인가를 발견하도록 지도해야 하고 그 행복을 함께 나눌 수 있어야 한다.

3) 기독교 경제 윤리학이 할 일

자본주의 국가에서나 사회주의 국가에서 동일하게 일어나고 있는 가장 큰 문제점은 인간의 경제에 관한 것들이다. 부(富)와 빈곤(貧困)의 극심한 격차, 목적 달성을 위한 물질 추구의 욕망과 부정부패는 인류 사회 안에서 일어나고 있는 문제점들이다. 그렇다면 이러한 문제점들을 물질로 해결할 수 있을까? 물질적인 처방만으로 인류 사회 속에 일어나고 있는 문제점들을 해결하는 것은 불가능하다. 잘못된 경제 활동의 질병을 치유하기 위해서는 물질적인 처방보다 정신적이고 영적인 처방이 앞서야 한다. 왜냐하면 경제 생활의 주체인 인간은 동물적 본능인 육체만의 지배를 받는 것이 아니라 선악을 구별하고 옳고 그름을 판단하며 선택할 줄 아는 정신적 요소, 즉 영혼과 양심을 가진 존재이기 때문이다. 그러므로 인간의 잘못된 경제 생활을 관리하고 바로 세워 가는 일을 위해서는 인간의 육체적 본능에 호소하기보다 하나님의 형상을 가진 인간의 영혼과 양심에 호소함이 문제를 해결하는 바른 방법이다. 더욱이 그리스도인들은 '인간이 생산 행위를 하든 소비 행위를 하든 그 경제 행위의 목적이 하나님과 그리고 이웃과 어떠한 관계가 있으며, 자신의 경제 행위가 하나님과 이웃에게 어떠한 영향을 줄 것인가'[6]를 인식하는 것이 사회에 대한 근본적인 책임임을 알아야 한다.

오늘날 세계적으로 수많은 그리스도인들이 자신의 잘못된 경제 습관을 바로잡고 경제 생활 양식을 재정비하여, 신앙적으로나 윤리적으로나 사회의 모범자로 살아가려고 하고 있다. 최근 한국 기독교 내의 개혁주의자(요한 칼빈의 신학과 신앙 전통을 따르고 지키는 개신교도들)와 복음주의자들도 사회 문제와 경제 문제 그리고 세계적 빈곤 현상에 대해 지대한 관심을 기울이고 있으며, 사회적 책임을 강조하면서 검소한 경제 생활의 실천을 위해 앞장서고 있다. 기독교 윤리는 그리스도인들로 하여금 사회 속에서 이루어야 할 경제적 실천 방향을 제시해야 한다. 그렇다면 먼저 그리스도인들이 실천할 윤리적 과제들이 무엇인가를 살펴보아야 한다.

첫째, 기독교 윤리는 그리스도인이 착한 행실로 세상에 빛이 되도록 가르쳐야 한다. 예수님은 산상설교에서 제자들에게 너희는 세상의 소금이며 빛이라고 하셨다. 그러면서 "너희 빛을 사람 앞에 비취게 하여 저희로 너희 착한 행실을 보고 하늘에 계신 너희 아버지께 영광을 돌리게 하라"(마 5:16)고 하셨다. 빛과 소금의 역할은 기독교인들의 착한 행실(good deeds)을 말한다. 지난 한국 교회사 백 년 동안 한국 교회는 교회의 본질적 사명인 복음 증거와 개교회 성장에 몰두했다. 물론 교회는 복음 증거에 앞장서야 하고 성도들의 영적 양육과 지속적인 성장을 위해 노력해야 한다. 또한 교회의 양적이고 질적인 성장은 그만큼 많은 영혼들을 얻었다는 증거이기도 하다. 그러나 이 사회 안에서 기독교인들은 불신자들과 더불어 살고 있다. 그들에게

---

6) Ibid., p. 105.

는 복음도, 사랑도, 물질도, 치유도 필요하다. 그러나 교회가 그런 사람들을 위한 사회적 책임을 다하지 못한 것이 사실이다. 세상에 빛이 되는 그리스도인의 생활은 구별된 생활에서 시작된다. 그리스도인들은 "거룩하여지고 성도라 부르심을 입은 자들"(those sanctified in Christ Jesus and called to be Holy, 고전 1:1)을 말한다. 즉 성도란 구별된 자들을 뜻하는 말이다. 구별된 것은 다르다는 말이다. 물론 성도들도 다른 사람들과 같은 언어를 사용하고, 같은 문화적 전통을 따르며, 같은 환경 속에 살면서 동일한 생활 패턴을 유지하기는 하지만, 말과 행동, 삶과 경영, 교회 생활과 사회 생활 등의 모든 면에서 구별된 삶을 살아야 한다는 것이다. 이것이 세상에 대한 빛과 소금의 역할이다.

둘째, 기독교 윤리는 그리스도인들이 세상에서 자족하는 삶을 살고 또한 그렇게 살도록 가르쳐야 한다. 바울은 "어떠한 형편에든지 내가 자족하기를 배웠노니"(빌 4:11)라고 했다. 범죄로 인하여 타락한 인생은 자기 만족, 자기 욕구 충족, 자기 행복, 자기 번영, 자기 사랑을 추구하면서 살게 되었다. 그 욕망의 추구는 끝이 없다. 모든 사람들이 자기 만족과 자기 욕구 충족을 위해 동분서주하고 있다. 그렇다면 그들이 어디에서 자족하는 삶을 배울 수 있단 말인가? 그것은 바울의 고백처럼 그리스도 안에서 가능한 것이다. 그리스도를 믿고, 그를 사랑하고, 그 안에서 만족하고, 그를 닮아 가는 생활에서 자족함을 배우게 된다. 사람은 인간 관계와 물질 관계를 떠나 생활할 수 없다. 그러다 보니 자연적으로 인간과 물질에 애착심을 갖게 된다. 특별히 물질은 인간 생활과 직접적인 관계를 가지고 있어 무시하거나 포기할 수 없는 것이다. 그렇다고 그리스도인이 주님도 사랑하고 세상도 사랑해야 한단 말인가? 근본적으로 그리스도인은 인간도 물질도 사랑하고 아껴야 한다. 그러나 그것들이 우리에게 영원한 구원, 생명, 만족, 기쁨을 줄 수는 없다는 것을 알아야 한다. 그것들이 삶의 궁극적 목적이 되어서는 안 된다는 것이다.

세상을 보자. 세상에는 우리가 사랑하고 싶은 것들, 우리의 순수한 마음을 유혹하는 것들, 남을 지배하고 다스리려는 정치인의 권력, 학자들이 즐기는 명예, 젊은이들이 즐기는 술과 춤과 노래(노래방, 술집, 나이트 클럽 등)로 가득 차 있다. 모든 것이 취하고 싶고 해 보고 싶은 것들이다. 그렇다고 세상을 사랑해야 하고 세상에서 만족을 얻어야 한다는 것인가? 그것이 우리의 대답은 아니다. 물론 하나님도 이 세상을 사랑하셨다. 그러나 그분의 사랑은 인간들의 세상 사랑과 근본적으로 다른 것이다. 인간의 사랑은 세상을 소유하고, 지배하고, 자기 만족의 도구로 사용하기 위한 것이다. 그러나 하나님의 세상 사랑은 자기 소유, 자기 만족의 목적이 아니라 오히려 인간을 위해 자신이 소유한 모든 것(독생자까지)을 주신 사랑이다. 바로 기독교의 사랑은 받는 것이 아니라 주는 사랑이다. 그러나 현실에서는 그리스도인이든 비그리스도인이든 모두 성공하고, 출세하고, 부하려고 한다. 심지어 정당한 노동과 노력의 결과로 얻고 만족하려는 것보다 독점과 투기, 고리대금, 뇌물 또는 토색한 것을 통해 부자가 되기를 꿈꾸고, 권모술수 하는 정치집단 속에서 권력에 아부하여 출세하려고 한다. 나아가 교회 안에서 직분을 받아 그 직분을 이용하여 교회를 사유화하고 교회 공동체를 자기 이익의 수단으로 삼으려는 파렴치한 종교인들도 많다.

진정한 그리스도인들은 바른 경제관과 윤리관 위에서 하나님이 기뻐하시는 기업인, 정치인, 지식인, 기술자, 사업가, 공무원, 학생, 주부 그리고 성직자와 신자들이 되어야 할 것이다.

셋째, 그리스도인들에게 바른 경제 가치관을 확립시켜 주어야 한다. 국가는 사회적으로 국민들에게 경제 발전을 위한 가치관을 세워 주었다. 열심히 일하고 절약하고 검소하게 살라는 가치관이다. 반면 경제 활동을 통해 재산과 부를 축적했을 때 그것을 어떻게 사용하고, 활용할 것인가 그리고 가난한 이웃들에 대한 사회적 책임이 무엇인가에 대한 윤리적 가치관을 정립해 주지는 못했다. 오히려 경제가 부강하면서부터 물질만능주의가 싹트기 시작했고 결국 배금주의가 사람들의 마음에 뿌리내렸다. 어떤 방법으로든 물질만 손에 넣으면 된다는 것이다. 사람들은 이 물질로 자기들이 하고 싶은 대로 하면서 살고 있다. 과도한 소비 사회가 형성된 것이다. 이렇게 사회 속에서 경제 가치관이 실종된 것에는 여러 가지 요인들이 있다. 부패와 노동관의 상실과 이웃에 대한 무관심이다. 부패는 권력자들에게 더 심각하다. 권력을 잡는 것은 곧 돈을 버는 것이라는 생각이 사람들의 일반적 인식이다. 권력은 곧 물질을 모으는 수단이다. 권력자들이 얼마나 부패했는가를 국민들은 알고 있다. 하나의 권력만으로 일반 서민들은 상상할 수 없는 돈을 움켜잡을 수 있지 않은가! 그리고 그 돈은 정당한 노동의 방법으로는 감히 상상도 못할 액수이며, 결국은 기업인들이 피땀 흘려 모은 돈이고 국민들의 세금이 아닌가!

이러한 권력자들의 부패는 노동자들의 노동 기피 현상을 부추겼다. '피땀 흘려 노동하느니 권력에 아부하여 한 자리를 취하거나 사기를 치고 남의 돈을 빼돌려서라도 일확천금을 손에 넣으면 그것이 출세한 것이 아닌가?' '법도 돈 앞에는 해석이 달라지는 것이 아닌가?' 하는 생각을 갖게 되는 것이다.

또한 과거에 우리 문화를 지배했던 가족, 마을, 씨족, 국가 공동체 정신이 개인적 이기주의로 전락했다. 우리에게는 이웃이 없다. 이웃을 모른다. 이웃들도 반응이 없다. 왜 사회가 이렇게 냉소적이 되었는가? 무엇이 이웃의 정을 이렇게 끊어 버렸는가? 이제 우리의 과제는 어떻게 잃어버린 가치관을 회복하느냐에 있다. 가치관 회복을 위해 윤리 교육과 인성 훈련, 이웃과의 관계 회복이 시작되어야 한다.

그러기 위해서는 먼저 부정과 부패는 엄청난 죄악임을 가르쳐야 한다. 우리가 지은 죄악은 하늘 나라에서 그 대가를 받는 것이 아니다. 하늘 나라는 이미 이 땅 위에서 운명이 결정된 자들이 가는 곳이다. 우리가 죽어 하나님의 심판대 앞에서 받는 심판은 보상의 심판이다. 예수님은 말씀하셨다. "내 말을 듣고 또 나 보내신 이를 믿는 자는 영생을 얻었고 심판에 이르지 아니하나니 사망에서 생명으로 옮겼느니라"(요 5:24). 그리스도를 믿고 그를 구주로 영접한 자는 믿음으로 구원받고 영생을 얻었으며 천국을 소유하게 된 자들이다. 우리가 지은 죄악은 아무리 크고 많아도 하나님 안에서 용서받을 수 있다. 그러나 죄악에 대한 사회적 형벌은 이 땅 위에서 받게 되어 있다. 사람을 죽였거나, 남의 돈이나 물건을 훔쳤거나, 교통 질서를 위반했거나, 범법 행위를 했다면 천국에서 형벌을 받는 것이 아니라 이 세상의 법정에서 심판이 주어지고 형벌을 받게 된다

성경은 죄에 대해서 매우 단호하게 말한다. 죄의 심각성에 대해 누구보다 잘 알고 있는 그리스도인들이 사회의 부정부패에 대해 날카롭게 말할 수 있어야 한다. 기독교가 사회의 부정부패를 눈감아 준다면 사회를 망하게 하는 일에 기독교가 동조한 것이 된다.

다음으로는 기독교인들이 정직하게 기업 경영을 실천하고 모든 업무에 정직하게 처신할 때 부정부패를 방지할 수 있다. 지금까지 기독교인들의 기업에도, 그들이 있는 공직 사회도 부정부패는 있었다. 소수의 기업인들과 공직자들이 성경의 원리에 따른 기업 경영을 시도했고 부정부패 방지를 위해 노력하면서 권력자들의 따가운 시선을 받았다. 정직한 기업인들이 성공해야 한다. 우리는 그들을 믿어 주고 밀어 주어야 한다. 우리가 권력자가 되고 국가의 지도적 위치에 있을 때 정직하고 공의로운 사회를 위하여 부정부패를 단호하게 처벌할 수 있어야 한다. 그리고 약하고 소외된 자들을 변호해 주며 사회 정의를 위해 헌신해야 한다. 강하고 권력 있는 자들이 약한 자들의 약점을 담당해 주면서 정의로운 사회를 만들어 가는 것이 얼마나 보람된 일인가! 이것이 바로 하나님께서 기뻐하시는 일이 아닌가!

3 기독교 경제 윤리의 성경적 원리

- 창조의 원리
- 인간의 타락과 노동
- 하나님의 율법

3장 기독교 경제 윤리의 성경적 원리

　기독교 경제 윤리학의 성경적 원리를 규명하는 작업은 하나님의 자기 계시인 성경으로부터 시작되어야 한다. 그 일을 위해 기독교 경제 윤리학은 성경의 계시 사건과 시대적 상황을 먼저 분석하고, 그 사건들과 관련되어 일어난 사회적 문제들을 바르게 평가해야 할 것이다. 이러한 사건의 분석과 이해는 전 성경(창세기로부터 요한계시록까지)을 통해 이루어져야 한다. 하나님은 자기 계시인 성경을 통해 사회적 실체를 조명하고 관찰하도록 하셨다. 뿐만 아니라 현실에 대한 사회학적 분석에 의해서도 탐지할 수 없는 새로운 논쟁점들과 사회 경제적(socio-economic) 문제점들을 성경을 통해 보여 주신다. 그러므로 기독교 경제 윤리학은 인류의 경제 활동을 통해 보이신 하나님의 관심과 목적 그리고 하나님의 요구를 분석하여 오늘의 경제 활동에 적용하고 가르치는 중요한 역할을 담당해야 한다.
　이제 기독교 경제 윤리학의 성경적 원리를 검토해 보기로 하자.

1) 창조의 원리(Creation Principle)

전통적으로 신학에서 사회 윤리학은 하나님의 창조 질서의 원리에 기초를 두고 시작한다. 사회 윤리학은 가정과 결혼, 노동과 경제 활동, 국가와 정치, 사회 정의와 인간의 책임 등 여러 가지 사회 문제들을 다룬다. 그것들이 가지고 있는 사회적 제도와 기능은 인간 이성과 경험에 의해서도 이해되고 평가되어야 한다. 그러나 이러한 문제들을 신학적으로 접근할 때 그것들은 먼저 성경의 계시에 의해 이해되고 평가되지 않으면 안 된다. 사회의 특별한 목적을 위해 제도화된 사회의 모든 구조와 기능이 하나님의 영원한 주권과 섭리하에 있음을 기독교는 믿고 있다. 이러한 기독교적 비평에 대하여 일반 비평가들은 "범죄 이후 인류는 이미 타락한 세상에 살고 있으므로 지나간 창조 사건에 의해 윤리적 원리를 규명하려는 시도는 잘못이다. 그리고 성경 그 자체만으로 윤리적 문제점들을 설명하기에는 부족하다"라고 말한다.

그러나 창조의 역사는 모든 인류 역사의 시작이다. 가정, 결혼, 노동, 경제 활동, 휴식(안식)은 하나님에 의해 시작되었으며 거기에 하나님의 뜻과 목적이 나타나 있다. 우리는 창세기 1, 2장에서 하나님의 창조가 너무나 질서정연하고 일관성 있게 이루어졌음을 본다. 이것들은 우연이나 신화가 아니다. 온 우주가 하나님의 계획과 의도대로 창조되었다. 그러기에 피조물 그 자체는 가치와 목적을 가지고 있다. 창조의 기록에서 가장 위대한 것은 인간의 창조이다. 인간이 하나님의 형상을 따라 창조되었다는 것이다(창 1:27). 모든 물질은 하나님의 말씀만으로 창조되었지만 인간은 하나님께서 손으로 직접 빚어 만드신 가장 귀하고 아름다운 작품이다. 이것은 인간이 하나님의 신적 속성과 도덕적 속성을 모두 가진 존재임을 말한다. 하나님은 인간에게 땅과 모든 피조물들을 통치하도록 명령하셨다. 인간에게 주어진 통치 명령은 생육하고 번성하여 땅에 충만하고, 땅을 정복하고, 모든 피조물들을 다시리라는 것이다(창 1:28). 이것은 인간은 하나님의 대리자이며, 피조 세계를 다스리는 통치자임을 의미한다.

특별히 자연에 대한 인간의 통치권은 일을 통하여 수행된다. 창조에 있어서 하나님과 인간과 피조물의 관계는 영원히 지속될 관계임을 보여 준다. 하나님은 그의 형상을 따라 창조된 인간과 인격적 관계를 맺으신다. 또한 그의 창조물을 보존하고 유지시킴으로 그것과 관계를 맺으신다. 인간 또한 창조물을 다스리고 보살핌으로 관계를 맺는다. 그리고 창조물은 열매를 맺어서 인간이 생존을 누릴 수 있는 좋은 환경을 제공한다. 인간의 경제 활동은 하나님께서 창조하신 피조 세계를 다스리고 보살핌으로 시작되었고, 피조 세계는 자원과 열매를 통해서 인간의 생존을 위한 환경을 제공한 것이다. 그러므로 창조의 교리는 첫째, 물질 세계가 하나님에 의해 창조되었다는 객관적 지식을 우리에게 제공한다. 둘째, 피조 세계에 대한 절대 주권은 인간에게 있는 것이 아니라 하나님에게 있다는 것을 말한다. 하나님은 그분의 계획과 섭리에 따라 모든 피조물을 통치하고 계신다. 셋째, 모든 인간은 생명과 자연의 생존을 허락하신 창조주 하나님을 경배해야지 피조물을 경배해서는 안 된다는 것을 말한다. 물질만능과 배금주의 사상은 하나님의 영광을 도적질한 것이며 피조물을 조물주보다 더 섬기고 경배하는 타락한 인간의 모습이다(롬 1:25).

2) 인간의 타락과 노동

일(work)은 하나님의 창조와 함께 시작이 되었다. 창세기는 "하나님의 지으시던 일이 일곱째 날이 이를 때에 마치니 그 지으시던 일이 다하므로 일곱째 날에 안식하셨음이더라"(창 2:2)고 기록하고 있다. 성경은 하나님께서 일하셨다는 사실을 자주 언급하고 있다(시 19:1; 8:3, 6). 성경은 하나님은 창조 사역에 있어서 일하는 분이셨고 창조 이후로 세상을 다스리고 지배하고 계심을 보여 준다. 하나님은 창조를 통해 인간을 그분의 형상대로 만드셨다. 그리고 인간에게 세상과 그 안에 있는 만물을 지배하고 다스리도록 하는 일을 맡기셨다. 인간은 일하도록 지음을 받은 존재이며, 어떤 영역에서도 일을 해야 하는 책임이 있다. 인간은 일을 통해 일하시는 하나님의 모습을 드러낸다. 하나님께서 일하도록 명령하셨다는 사실은 인간의 일이 하나님의 계획의 일부라는 것을 보여 준다. 하나님께서 그분의 창조를 통해 인류에게 허락하신 고귀하고 위엄 있는 역할의 한 부분이 일(work)이다. 일은 지금도 그 본래적인 제도의 특징을 유지하고 있다. 그래서 인간은 자신의 창조성을 표현하기 위해 일을 하며, 하는 일로부터 만족과 행복을 발견한다. 인류가 씨를 뿌리고, 만들고, 다듬고, 세우고, 허무는 모든 일은 하나님께서 하신 일에 따라 행해지고 있는 것이다. 그러므로 인간이 일한다는 것은 하나님의 형상을 지닌 인간의 존엄성을 나타내는 것이다.[7]

그러면 인간의 타락은 그들의 활동 무대인 자연과 노동에 어떤 영

---

7) 황봉환, 「크리스천과 사회윤리」(진리의 깃발, 1998), pp.21-37

향을 주었는가? 인간 타락 이전의 에덴(Eden)에서의 일은 하나님께서 인간에게 주신 창조 명령이요, 문화 명령이었다. 일은 하나님께서 인간에게 허락하신 축복이었다. 일터는 인간이 하나님의 감독아래 청지기로서 사는 활동 무대였다. 인간에게 일하도록 명령하신 것은 타락의 결과로 주어진 것이 아니라 하나님의 본래 목적이었다. 그러나 하나님의 말씀에 반역한 인간의 타락으로 인하여 만족과 즐거움의 노동이 그 본래의 상태로부터 변질되었다. 즉 인간의 죄 때문에 일의 본질이 변질된 것이다.

첫째, 인간이 다스리고 보존하고 생산 활동을 해야 할 땅이 저주를 받아 노동이 수고로움이 되었다. 일부 사람들은 인간 타락 이전의 일은 하나님의 축복이었으나 타락 이후에는 저주가 되었다고 말한다.[8] 인간의 타락 이후에 일의 본질이 변화된 것은 사실이나 일 자체가 저주가 되어 버린 것은 아니다. 아담의 범죄로 인하여 일이 저주를 받은 것이 아니라 땅이 저주를 받게 된 것이다. 성경은 "땅은 너로 인하여 저주를 받고 너는 종신토록 수고하여야 그 소산을 먹으리라 땅이 네게 가시덤불과 엉겅퀴를 낼 것이라 … 네가 얼굴에 땀이 흘러야 식물을 먹고 필경은 흙으로 돌아가리니"(창 3:17-19)라고 했다. 가인에게는 "네가 밭 갈아도 땅이 다시는 그 효력을 네게 주지 아니할 것이요 너는 땅에서 피하며 유리하는 자가 되리라"(창 4:12)고 했다. 구약 신학자 월터 카이저(Walter. C. Kaiser)는 "일은 결코 수고(愁苦)와 저주를 의미하지 않는다. 저주가 창세기 3:17-19에 기록된 타락 이후의 노동과 관련되어 있는 것은 사실이나 결코 일 자체에 부과된 것은 아니

---

8) Leland Ryken, *Work and Leisure in Christian Perspective*, 유충선 역, p. 141.

다. 저주는 이제 일과 동반된 고통, 좌절, 수고에서 발견되어야 했다. 태초부터 하나님의 의도는 실재적이고 계속되는 일 속에서 즐거움과 만족과 복을 발견토록 한 것이다"[9]고 했다.

이와 관련해서 우리는 위의 구절에서 몇 가지 주목해야 할 것이 있음을 발견한다. 먼저 인간의 타락은 일의 본질을 변질시켰지만 하나님께서 인간에게 부과한 노동의 임무(생육하고, 번성하고, 다스리고, 지배하는 일)가 취소된 것은 아니라는 것이다. 하나님은 타락 이후에도 여전히 아담의 후손들에게 일하도록 명령하셨다. 또 하나는 인간의 타락이 세상에 일을 끌어 들인 것이 아니라는 것이다. 일은 하나님의 문화 명령과 축복으로 이미 존재하고 있는 것이었다. 새롭게 변한 사실은 땅이 저주를 받아 인간이 일을 할 때 수고하고 땀을 흘려야 하는 고통의 부담을 안게 된 것이다. 결과적으로 일은 인간에게 실망과 고통과 투쟁과 때로는 생명에 위협을 가져다 주었다. 그러므로 인간이 일하는 터전이 저주를 받고 있는 동안 인간은 삶의 환경을 근본적으로 변화시킬 수는 없다.[10]

둘째, 땅이 저주를 받음으로 인하여 더 이상 인간에게 좋은 환경을 제공하지 못한다는 것이다. 성경은 "땅이 네게 가시덤불과 엉겅퀴를 낼 것이라"고 했다. 하나님의 말씀에 대한 불순종으로, 인간에게 죽음이 왔을 뿐만 아니라 땅 위에서 가시덤불과 엉겅퀴를 제거해야 식물을 얻게 되는 환경까지 주어진 것이다. 인간이 땅으로부터 식량을 얻기 위해 땀을 흘려야 할 뿐만 아니라 동물을 잡아 죽인다는 사실은

---

9) Walter C. Kaiser, *Toward Old Testament Ethics* (Zondervan Publishing House, 1983), p. 150.
10) Ibid., p. 31.

명백하다. 이것은 인간이 타락하기 전에 아담이 하나님께서 만드신 동산에 있는 모든 동물의 이름을 짓는 것과는 대조적이다. 또한 인간의 타락으로 인하여 자연 환경에 재난이 발생하게 된다. 죄에 대한 심판으로 발생하는 자연 재해의 모형은 바로 노아의 홍수심판이다. 타락의 결과는 악의 성장과 확산이다. "여호와께서 사람의 죄악이 관영함과 그 마음의 생각의 모든 계획이 항상 악할 뿐임을 보시고"(창 6:5), "때에 온 땅이 하나님 앞에 패괴하여 강포가 땅에 충만한지라 하나님이 보신즉 땅이 패괴하였으니 이는 땅에서 모든 혈육 있는 자의 행위가 패괴함이었더라"(창 6:11, 12) 결국 하나님은 "그 끝날이 내 앞에 이르렀으니 내가 그들을 땅과 함께 멸하리라"(창 6:13)고 하셨다. 이 외에도 인간의 죄에 대한 심판으로 일어난 자연 재해는 여러 곳에서 발견된다.

셋째, 죄의 심판에 대한 반응으로 인간이 도시를 건설한 것이다. 인간은 죄로 인하여 하나님과의 영속적인 관계가 단절되었고 하나님을 기쁘시게 하는 삶을 살 수 없었다. 하나님을 떠나 유리하며 방황하는 신세가 되었다. 죄가 인간으로 하여금 살인을 하게 만든다. 가인은 아벨을 살해한 후 하나님의 저주를 받게 되었다. '너는 땅에서 피하며 유리하는 자가 되리라"(창 4:12). 이에 "가인이 여호와 앞을 떠나 나가 에덴 동편 놋(Nod) 땅에 거하였더니"(창 4:16)라고 했다. 놋(Nod)은 '유리하는' 곳을 뜻한다. 가인은 에덴으로 돌아가려고 이리저리 유리하다가 결국 놋(Nod)에서 한 도시를 건설하고 그곳을 에녹(Enoch)이라 이름짓는다. 에녹(Enoch)은 창조에 대항하는 개념으로서 '개시' 또는 '시작'을 뜻한다. 하나님을 떠난 인간은 스스로의 안전을 구축하며, 자기가 만든 새로운 도시를 에덴으로 만들려고 한다.

인간은 하나님께서 주신 자연 자원을 자기의 목적을 위해 사용한다. 하나님을 떠난 인간이 자기에게 안전과 힘이 되는 자연이나 자연의 물질로 자기를 보호하는 우상을 만드는 것이다. 이를 통해 인간의 타락이 노동에 엄청난 악영향을 미쳤다는 결론에 이를 수 있다. 노동의 본래적인 목적이 변질된 것이다. 인간은 본래 하나님의 영광을 위하여 땅을 정복하고 다스리도록 창조되었으나, 타락 후에 인간은 자연 환경과 자원을 자신의 유익과 보호의 도구로 사용했다. 그리고 신성하고 즐거워야 할 노동이 정신과 육체적인 수고와 고생이 되었다. 노동은 피곤하고 어지럽고 단조로운 일이 되어 버렸다. 그리고 노동 관계의 부조화를 만들어 냈다. 노동자와 경영자, 회사와 고객 사이의 갈등과 노동 현장에서의 부조화가 바로 그것이다. 사람이 단순한 생산 도구로 취급되고 인간이 노동의 주체가 되기보다 오히려 객체가 될 때도 있는데 이런 경우는 그 속에 인간 본성의 타락과 죄성(罪性)이 작용하는 것이다.

3) 하나님의 율법

성경의 율법(律法)은 도덕법(moral law), 종교의식법(ceremonial law), 사회생활법(civil life law)을 포함하고 있는 광범위한 법(法)이다. 모든 율법의 기초 원리를 제공하는 도덕법이 바로 십계명(decalogue)이다.[11] 특별히 도덕법인 십계명과 사회생활법으로부터

---

11) 출애굽기 20:2-17; 신명기 5:7-21.

경제 윤리의 원리를 유추해 본다.

(1) 십계명(decalogue)

십계명의 세부 규정들을 검토하기 전에 도덕법인 십계명이 가지고 있는 특성을 이해해야 한다. 십계명은 하나님의 성품(character), 속성(nature) 그리고 뜻(will)을 반영하고 있다. 십계명은 부정적이고 긍정적인 양면성 지니고 있다. 한 계명에서 어떤 악이 금지된다면 반드시 그 반대되는 선을 행해야만 한다. 예를 들면 인간과의 관계에서 이웃을 해하지 말아야 할 뿐만 아니라 나가아 이웃의 생명과 행복에 기여하기 위해 우리의 모든 능력을 사용해야 한다는 것이다. 그러기에 예수님은 "네 마음을 다하고 목숨을 다하고 뜻을 다하여 주 너의 하나님을 사랑하라 둘째는 그와 같으니 네 이웃을 네 몸과 같이 사랑하라 하셨으니 이 두 계명이 온 율법과 선지자의 강령이니라"(마 22:37-40, 눅 10:26-28; 참조, 신 6:5, 레 19:18)고 하셨다.

하나님과의 관계(1-3계명)

1계명에서 3계명까지는 하나님에 대한 인간의 가장 큰 의무가 무엇인가를 말한다. 1계명은 하나님에 대한 내적인 경배를 강조한다. "나 외에(나 외에, 나 밖에, 내 앞에)는 다른 신들을 네게 있게 하지 말라" 1계명은 무신론, 우상 숭배, 다신 숭배, 형식주의에 대한 경고를 포함하고 있다.[12] 2계명은 하나님에 대한 외적인 경배를 강조한다. 2계

---

12) 무신론(無神論)에 대해서 우리에게는 한 하나님이 있다. 우상숭배(偶像崇拜)에 대해서 우리는 여호와를 우리 하나님으로 모셔야 한다. 다신(多神) 숭배(崇拜)에 대해서 우리는 여호와 하나님만 모셔야 한다. 형식주의(形式主義)에 대해서 우리는 마음과 목숨과

명은 예배의 양식을 말하면서 우상 숭배(영적 및 내적 우상 숭배와 물질적 및 외적 우상 숭배)를 금지하고 있다.[13] 이는 하나님께 대한 경건한 예배를 강조한 것이다. 우상 숭배를 성경 다른 곳에서는 영적 간음으로 말하는데, 그 이유는 우상 숭배가 마치 간음한 배우자가 결혼 서약을 파기하는 것과 같이 하나님과 그의 백성간의 언약을 파기하기 때문이다. 이러한 비극은 하나님의 질투를 유발시킨다. 질투는 하나님께서 자신이 사랑하고 원하는 것을 방해하는 모든 것에 대해 분개하시며 노하시는 감정이다.

3계명은 하나님께 입술로 드리는 경배를 강조한다. 하나님의 이름을 망령되이 일컫지 말라는 것이다. 망령되이 일컫는다는 것은 하나님의 이름을 오용하거나 신성한 목적 외에 함부로 사용하는 것을 의미한다.[14] 하나님에 대한 경외가 없는 곳에는 맹세와 서약의 신성함이 사라지고, 인간은 사회의 기반을 진리에서 거짓으로 옮긴다. 그러므로 맹세를 멸시하고 남용하고 모독하는 것은 모든 법과 질서, 모든 직분의 정당성을 부정하는 범죄이다.[15]

위의 세 계명은 전적으로 하나님만 경배하고 섬기며 사랑할 것을 강조한다. 이는 하나님만이 유일한 경배의 대상이고 만물의 주권자

힘과 뜻을 다하여 여호와 하나님을 사랑하고 경외하고 섬겨야 한다.
13) 2계명의 금지는 돌, 나무, 금속(은, 금, 동, 철)의 어떤 물질적 신상과 마음의 경배와 사랑 양면성을 포함하고 있다.
14) 하나님의 이름을 망령되이 또는 헛된 목적으로 일컫는 경우는 다음과 같다. ① 거짓이고 진실이 아닌 것을 확증하기 위해 사용하는 것, ② 말이나 기도의 결함을 메우기 위해 함부로 사용하는 것, ③ 가벼운 놀람이나 화를 풀기 위해 사용하는 것, ④ 분명한 목적이나 감사나 이유 없이 함부로 사용하는 것이다.
15) Walter C. Kaiser, *Toward Old Testament Ethics* (Zondervan Publishing House), pp. 84-88.

이심을 가르친다. 여기서 유추하는 윤리적 원리는 두 가지다. 첫째는 하나님만이 경배의 대상이라는 것이다. 하나님 외에 다른 신(神)이 없다. 금이나 은이나 돈이나 다른 어떤 물질도 섬김의 대상이 될 수 없다. 황금만능은 우상 숭배이다. 그러므로 배금사상(Mammonism)을 철저히 경고하는 것이다. 둘째는 하나님의 절대 주권 사상이다. 하나님 외에 그 어느 것도 인간과 자연을 다스릴 권한은 없다. 하나님만이 절대자이시다. 이는 자연과 물질에 대한 인간의 사유권과 관리권을 무조건 무시하라는 말이 아니다. 하나님은 자연과 물질을 인간에게 맡기셨다. 인간은 오직 관리자(청지기)의 권리를 행사할 뿐인데, 이는 인간과 자연의 생명을 보존시키고 다스리기 위해 사용하는 권리이다.

안식과 노동과의 관계(4계명)

4계명은 인간에게 속박이 아니라 자유를 주기 위해 선포되었다. 안식일은 인간이 자기 자신과 일로부터 쉬고 하나님을 예배하도록 한다. 4계명은 하나님을 예배하며 영적으로 안식하는 의식적인 측면과 엿새 동안 힘써 일해야 하는 도덕적인 측면을 강조한다. 인간에게 일정한 시간을 따로 구별하여 안식하며 하나님께 대한 예배와 봉사를 위해 사용할 것을 요구한 것은 종교적 의식에 대한 측면이고, 엿새 동안 힘써 네 모든 일을 행할 것을 요구한 것은 인간의 노동 의무와 관계된 도덕적 측면이다. 4계명은 우리에게 노동은 하나님의 선물이며, 안식(쉼)은 한정된 육체적 힘의 회복을 위한 것임을 가르친다. 이에서 유추하는 윤리적 원리는 모든 시간이 하나님에게 속한 것이라는 점과 하나님이 그의 피조물과 시간을 다스리는 주인이시라는 점이다. 그리고 "엿새 동안 힘써 네 모든 일을 하라"는 말씀은 직업에 대한 소명(calling)을 말한다. 그 소명은 하나님께서 모든 사람을 일하도록 부르셨음을 의미한다. 직업에 대한 소명은 노동하지 않고 무위도식하는 것을 금하고 있다(살후 3:10). 내가 재능을 따라 얻은 직업, 직장, 일터로 나를 부르시고 그 자리에서 재능을 발휘하도록 하신 하나님의 영광을 위해 살라는 것이다. 이것이 기독교인의 직업에 대한 소명관이다.

사회와의 관계(5계명-10계명)

사회와의 관계에 대한 계명들은 이웃을 네 몸같이 사랑하라는 것에 그 중심이 있다. 5계명은 가정의 신성함을 강조한다. 부모를 공경하라는 것은 부모에게 존경과 경외와 복종과 사랑을 보여 주라는 것이다. 그러나 부모의 말이나 소원이 하나님의 말씀이나 뜻을 거역하거나 대적하는 것이 되어서는 안 된다. 5계명에서 '부모'의 의미는 내 혈육의 부모만을 의미하지 않는다. 모든 이웃의 어른들과, 연령이나 지혜에 있어 앞선 자들을 포함하고 있다.

6계명은 생명의 신성함을 강조하고 있다. 6계명은 살인을 금지한다. 이는 의도적인 살인이나 고의적인 폭력에 의한 살인의 개념(시 94:6; 잠 22:13; 사 1:21; 호 4:2, 6:9; 렘 7:9)을 포함하고 있다.[16] 생명

---

16) 6계명이 규정하는 살인 금지법은 양식을 위해 짐승을 죽이는 것(창 9:3), 밤중에 침입한 도적에 대한 불가피한 살인(출 22:2), 우발적인 살인(신 19:5), 국가에 의한 살인자의 처형(창 9:6) 그리고 전쟁 중의 살인에는 적용이 되지 않는다. 성경이 말하는 사형에 해당하는 범죄는 다음과 같다.
①모살(미리 계획한 살인)(출 21:12-14), ②유괴(출 21:16; 신 24:7), ③간음(레 20:10-21; 신 22:22), ④동성애(레 20:13), ⑤근친상간(레 20:11,12,14), ⑥수간(獸姦)(출 22:19; 레 20:15,16), ⑦부모나 권세자들에 대한 상습적인 비행과 완악한 불순종(신 17:

의 신성함을 파괴하려는 것은 하나님을 거스르는 것으로 죽어 마땅한 죄임을 알려 주신 것이다.

7계명은 결혼의 신성함을 강조한다. 구약에서 간음의 문제는 단순히 타인의 소유를 침범하는 문제가 아니라 근본적인 도덕의 문제였다. 그것은 하나님께 대한 범죄였다(창 39:9). 결혼에 대한 성경의 일관된 가르침은 일부일처 제도에 있다. 일부다처는 인간이 탐심과 정욕에 이끌리는 타락한 존재임을 증거하는 것이다. 성경은 이러한 가정의 신성함을 보존하기 위해 이혼의 규례를 마련하여, 여자를 보호하고 여자가 단순한 가재(家財)가 되는 것을 방지했다. 5-7계명에서 유추할 수 있는 "도적질하지 말라"라는 경제 윤리의 원리는 8계명과 10계명에 관련되어 있다.

8계명은 재산의 신성함을 강조한다. 8계명은 도적질을 금하고 있으며, 경제 윤리와 관련하여 두 측면에서 그 원리를 제공한다. 그 하나는 사유 재산의 정당한 권리를 인정한다는 것이다. 모든 유형·무형의 재산은 하나님으로부터 온 선물이며, 인간은 그것들을 생산, 소유, 관리, 처분하는 권리를 부여받았다. 8계명은 하나님께서 개인 소유자에게 허락하신 정당한 재산권을 다른 사람이 함부로 강탈할 수 없음을 말한다. 하나님은 인간이 유형·무형의 재산을 사유할 권리를 인정하시고, 이와 관련해 인간의 존엄성과 생존이 침해를 받지 않

12, 21:18-21), ⑧부모를 치거나 저주하는 것(출 21:15; 레 20:9; 잠 20:20; 마 15:4, 막 7:10), ⑨사람을 죽여 바치는 제사(레 20:2), ⑩거짓 예언(신 13:1-10), ⑪신성모독(레 24:11-14, 16,23), ⑫안식일을 범함(출 35:2; 민 15:32-36), ⑬거짓 신들에게 제사하는 일 (출 22:20), ⑭마술과 점술(출 22:18), ⑮부정(不貞)(신 22:20,21), ⑯정혼한 처녀 강간 (신 22:23-27).

도록 방지법을 제정하신 것이다.[17] 또한 8계명은 개인이 자기의 재산권을 절대적으로 주장할 수 없다는 것을 암시하고 있다. 개인의 재산과 부에 대하여 자본주의 원리로만 말한다면 어느 누구도 자신의 재산이나 돈을 사회에 내놓지 않아도 된다. 그러나 사회와 국가는 자기 혼자의 힘으로 구성되고 세워진 것이 아니라 모두가 함께 이루어 놓은 것이다. 그래서 사회 공동체, 국가 공동체라고 말한다. 성경은 개인의 재산과 부를 가난하고 재물 얻을 능력이 없는 사람들을 돕는 일에 쓰라고 명령한다. 하나님은 이스라엘 사회에 여러 가지 사회 복지 규정을 정해 주셨다.[18] 그러므로 마음이나 물질로 서로 돕고 나누는 사회를 만들어 가는 것이 하나님이 바라시고 기뻐하시는 사회인 것이다. 8계명의 도적질과 관련하여 몇 가지 더 검토해 보자.

① 재물을 얻게 되는 세 가지 방법 : 첫째, 직업의 소명에 따라 부지런하고 정직하게 일하고 검소하게 생활하여 얻는 것이다. 둘째, 다른

---

17) 유형이나 무형 재산에 대한 인간의 소유욕은 강하다. 이 소유욕은 인간의 존엄성과 생존권과 직결되어 있다. 가능하면 더 많이 소유하기 위해 치열한 생존 경쟁을 하고 있다. 짐승들도 역시 소유욕을 가지고 있다. 예수님은 "여우도 굴이 있고 공중의 나는 새도 보금자리가 있다"(마 8:20)고 하셨다(짐승들의 영역싸움이 그것이다). 일정한 소유가 있을 때 인간의 마음은 안정을 얻고, 더 소유할 희망이 있을 때 더 열심히 일하게 되어 성실한 삶을 살 수 있다. 그러나 자신의 소유가 없으면 불안하고 낙심하게 된다. 심하면 소유욕을 채우기 위해 도적질도 하고 사기를 치기도 한다. 자본주의 경제의 특징은 '사유 재산'을 중요시하는 것이다. 이것이 바로 사회주의 경제 제도와는 근본적으로 다른 점이다.
18) 하나님은 3년마다 1번씩 십일조를 레위인, 고아, 과부, 타국인 및 나그네들에게 주도록 하셨다(신 14:28, 29). 또한 밭 모퉁이에 있는 이삭은 가난한 자들이 거둘 수 있도록 추수하지 않고 남겨 두도록 하셨다(레 19:9, 10). 누구든지 가난하게 되어 자기 땅을 팔거나 자신을 담보하여 종으로 팔려갔을 경우 그 사람이나 땅은 안식년(매 7년)과 희년(매 50년)에 그 본래 신분과 본래의 소유자에게로 되돌려 주었다. 이렇게 재산과 부의 부자연스러운 축적은 상당히 공정한 규제를 두어 통제되었다. 하나님은 인간이 자신의 소유와 권한을 가지고 공평하게 살 수 있는 정의로운 사회를 원하셨다.

사람(자식이나 친척, 혹은 이웃)이 순수한 사랑의 동기로 즐거이 주는 선물을 받아 재산을 늘리는 경우이다. 셋째, 남의 것을 도적질하여 재산을 모으려고 하는 것이다. 도적질로 얻는 재물은 불의(不義)한 재물이며, 하나님을 모독하는 범죄이다.

② 도적질하는 이유 : 첫째, 땀을 흘리며 열심히 일하라는 하나님의 명령에 순종하지 않고 부당하게 자신의 이익만 고집하기 때문이다. 둘째, 자신의 능력 이상의 것을 바라며 남보다 더 많은 돈과 재물을 가지려는 탐심 때문이다. 인간이 가지는 탐심은 재물, 사람, 돈과 관련된다. 셋째, 불의하고 악한 주변 사람들 때문이기도 하다. 사단이나 악한 사람들의 속임수에 넘어가 그들의 탐욕과 방법을 따라 도적질을 하게 되는 것이다. 인간이 가장 먼저 저지른 죄악이 바로 도적질이기도 하다.

③ 도적질하는 유형들 : 첫째, 남의 돈이나 물건을 도적질하는 것이 있다. 남의 돈이나 물건을 직접 빼앗는 것도 도적질이고, 직위와 압력을 통해 간접적으로 빼앗는 것도 도적질이다. 둘째, 상거래와 관련된 도적질이 있다. 상거래를 하는 자들이 저울, 자, 되, 광고 등으로 상대방을 속이는 것과 가짜 상품, 함량과 성분 미달 상품, 오염 물질이 든 상품 등의 거짓 상품으로 돈을 벌려고 하는 것이 이에 속한다. 셋째, 남에게 돌아갈 몫을 떼먹는 것이 있다. 빌린 돈을 갚지 않거나 노동자들에게 줄 임금의 일부를 착취하는 것, 공공 요금을 받아 개인이 착취하는 것, 정당한 세금을 내지 않고 속이는 것, 공금을 횡령하는 것 등이다(관리인, 후견인, 변호인, 급행료, 가짜 영수증, 하청, 고리대금 등의 경우). 넷째, 부지런히 일하지 않고 재물을 얻으려고 하는 도박이나 복권 투기 등이 있다. 이것은 하나님의 노동 명령을 어기

고, 남을 속이거나 요행을 바라면서 일확천금을 노리는 도적행위이다. 이러한 행위는 밤 중에 길모퉁이에서 다른 사람의 지갑을 빼앗는 행위와 다를 바 없다. 합법적인가 아닌가만 다를 뿐, 그 실상은 모두가 도적질과 같은 것이다.

④ 자기 자신에 대한 도적질의 유형 : 첫째, 부모의 유산이나 과거에 자신이 알뜰히 모은 재산을 사치스런 소비로 탕진하는 것이다. 이는 자신과 다른 사람이 노력했던 귀중한 시간을 빼앗는 것과 마찬가지다. 둘째, 보증으로 인해 재산을 빼앗기는 경우이다(잠 22:26, 27). 셋째, 돈과 재물에 지나치게 인색한 경우이다. 재물는 하나님께서 인간에게 허락하신 선물이다. 이를 바르게 사용할 책임을 다하지 못하는 것은 결국 하나님의 것을 빼앗는 것이다.

⑤ 물질 이외의 도적질 : 남의 인격을 도적질하는 것(인신매매, 유괴, 인질, 납치), 남의 마음을 훔치는 것(사행심이나, 향락에 대한 일에 마음이 끌리도록 유혹하는 것), 남의 이름을 팔아먹는 것(유명 정치인, 판검사, 군장성, 권력자) 등이 있다. 그리고 종교적으로는 하나님의 영광을 도적질하는 것, 십일조를 드리지 않는 것, 일 주일에 하루를 주님의 날로 드리지 않는 것 등이 있다.

⑥ 도적질과 경제 : 도적질은 잃은 사람에게만 물질적 손해가 있을 뿐 사회적으로나 국가적으로 아무런 이득이 없다. 오히려 사회적 불안과 손해를 가져오게 한다. 도적을 막기 위해 담장을 높이 쌓고, 철조망을 치고, 개를 키우고, 안전 경호 장치를 설치한다. 경찰 수를 늘리고, 감옥을 더 짓게 만들고, 재판관의 수를 늘리도록 하기도 한다. 이것은 개인의 경비를 낭비하게 만드는 것이며 국가의 막대한 경제적 손실을 가져오게 한다. 또한 국민의 불안을 조성하고, 정의를 무너지

게 하며, 다른 사람에 대해 보복감을 불러 일으켜 서로에게 피해를 입힌다.[19] 그러므로 모든 그리스도인은 잠언 30:7-9의 말씀을 명심해야 한다. "내가 두 가지 일을 주께 구하였사오니 나의 죽기 전에 주시옵소서 곧 허탄과 거짓말을 내게서 멀리 하옵시며 나로 가난하게도 마옵시고 부하게도 마옵시고 오직 필요한 양식으로 먹이시옵소서 혹 내가 배불러서 하나님을 모른다 여호와가 누구냐 할까 하오며 혹 내가 가난하여 도적질하고 내 하나님의 이름을 욕되게 할까 두려워 함이니이다."

  9계명은 진실의 신성함을 강조한다. 이 계명은 삶의 모든 영역에서 진실의 신성함을 요구한다. '거짓 증거'는 진실을 무시하는 것이고, 진실을 무시하는 것은 진실하신 하나님의 존재와 본질을 무시하는 것이다. 이 계명이 포함하고 있는 두 측면을 보자. 한편으로는 고의적으로 남을 속이려고 하는 거짓 증거가 있다. 다른 한편으로는 사실이 아니거나 근거 없는 진술을 하는 것이다. 어떤 종류이든 거짓은 나쁜 것이다. 성경은 모든 거짓을 경고하고 진실을 말하는 것을 칭찬한다(시 27:12, 35:11; 잠 6:19, 14:15).

  10계명은 마음의 동기에 대한 신성함을 강조한다. 이 계명은 마음에 품은 내적인 상태가 외적인 행동으로 나타난다는 점을 가르친다. 과도한 탐심과 탐욕은 외적인 행위로 나타나 결국 범죄를 유발한다. 그래서 예수님은 "마음에서 나오는 것은 악한 생각과 살인과 간음과 음란과 도적질과 거짓증거와 훼방이니"(마 15:19)라고 하셨다. 이 계명은 윤리적 두 측면을 암시하는데, 한 가지는 마음의 탐심을 죽여야

---

19) 송병락, 「마음의 경제학」(박영사, 2001), pp. 44-55.

한다는 것이다. 다른 한 가지는 내면의 자족함을 추구해야 한다는 것이다. 성경은 "지족하는 마음이 있으면 경건이 큰 이익이 되느니라" (딤전 6:6)고 가르친다.[20] 탐심을 갖게 되는 사람들의 특징에 대하여 살펴보자. 첫째, 인간의 영적인 면과 사회적인 면을 무시하고 물질적이고 세속적인 것만 좇아서 살려고 한다. 탐심이 가득한 사람들은 그 마음을 자기 중심, 물질적 부, 출세, 권력, 인기, 명예 등의 세속적인 생각이 지배하고 있다. 삶의 목적이나 관심이 모두 이런 것에 있다. 둘째, 영혼과 양심을 물질, 권력, 명예, 인기 등 세속적인 것들과 바꾸려 한다. 셋째, 수단과 방법을 가리지 않고 돈, 권력, 인기를 얻으려고 한다. 탐심이 인간을 배금주의(拜金主義)로 끌어들인다. 결국 탐욕의 영에게 사로잡혀 물질을 최고의 신(神)으로 섬기게 만든다.

    탐심은 모든 계명을 범하게 하는 무서운 죄의 뿌리이다. 탐심은 먼저 하나님의 존재를 인정하고 그를 섬기게 만드는 것이 아니라 돈, 물질, 권력, 명예 등을 더 사랑하고 추종하게 만든다. 결국 배금사상에 사로잡히게 된다. 배금사상은 1계명을 범한 것이다. 그래서 성경은 "탐심은 곧 우상 숭배니라"고 했다. 돈을 숭배한다는 것은 돈에 새겨진 사람의 형상이나 다른 어떤 형상을 간접적으로 숭배하는 것이기에 2계명을 범하게 된다. 돈이나 물질 때문에 하나님의 이름도 영광도 더럽히게 되므로 3계명을 범하게 된다. 신자이든 불신자이든 많은 사람들이 돈을 벌기 위하여 주일에도 사업을 하고 장사를 하면서 하나님께 예배 드리지 못하기 때문에 4계명을 범하게 된다. 돈, 재산, 물질 때문에 자식이 부모를 죽이고 형제 간에 싸우고 불화가 일어나게

---

20) Walter C. Kaiser, op. cit., pp. 94, 95.

되어 5계명을 범하게 된다. 돈과 재산 때문에 직접적이거나 간접적인 살인 행위에 가담하게 되므로 6계명을 범하게 된다. 돈 때문에 몸을 팔거나 그와 관련된 행동을 하게 되므로 7계명을 범하게 된다. 돈 때문에 도적질하고 이웃에게 거짓말을 하게 되므로 8계명과 9계명을 범하게 된다. 그래서 성경은 "돈을 사랑함이 일만 악의 뿌리"(딤전 6:10)라고 한다.

탐심을 억제하도록 하는 성경의 가르침을 따르자. 자족하는 삶의 법을 배우자(빌 4:11-13; 딤전 6:7, 8). 올바른 생업을 가지고 열심히 일하자. 게으른 자가 탐심의 유혹이 가장 잘 받게 된다. 항상 열심히 일하여 탐심이 침투할 기회를 주지 말아야 한다. 성경은 "일하기 싫어하거든 먹지도 말게 하라"고 가르치고 있다(살후 3:10-12). 가진 것으로 나보다 더 가난하고 불쌍한 사람을 도와 주도록 노력하자. 사람들은 일반적으로 자기보다 더 나은 사람들과 비교하는 경향이 있다. 그러나 나보다 더 가난한 사람들도 많다는 것을 알아야 한다. 성경은 "나보다 남을 낫게 여기라"고 가르치고 있다. 남을 돕는 일을 많이 함으로써 탐심을 억제시킬 수 있다는 것을 알자. 물질 사용의 보람은 나를 위하여 쓸 때가 아니라 남을 위하여 쓸 때 얻게 된다.

(2) 일반 사회 경제법

성경은 십계명 이외에 시민 생활법에서 사회 경제적인 분야에 대하여 가르치고 있다.

토지의 분배

고대 이스라엘 사회에서 경제 활동의 근본적인 기초는 토지였다.

토지를 통한 경제 활동이 공동체의 경제 구조를 결정하였다. 하나님은 이스라엘 각 지파와 각 가정에 토지가 균등히 분배되도록 하셨으며, 그 땅에서 얻은 소산물도 백성들 가운데 골고루 분배되도록 하셨다. 재산이나 소산물의 고른 분배를 위한 제도는 개인이 법이나 권력을 이용하여 악한 생각으로 재산을 독점하려는 행위로부터 보호받도록 한 것이다. 이스라엘은 땅을 똑같은 크기로 분배받은 것이 아니다. 지파와 가족의 수에 따라 토지가 많고 적은 차별을 두어 가능한 균등히 분배하기 위해 제비 뽑힌(lot) 대로 나눈 것이다. 율법은 토지를 분배받은 원소유자의 권리가 침해를 받지 않도록 보호법을 제정했다. 개인이 취한 토지는 양도할 수 없는 가족의 소유였다. 만일 가족이 천재지변이나 부주의나 게으름으로 인하여 가난하게 되었을 때 그 땅을 팔거나 저당잡힐 수는 있었지만, 영원히 그렇게 되는 것은 아니었다. 저당잡힌 토지나 가옥은 50년마다 돌아오는 희년에 그 원주인에게 되돌려졌다.

노동의 형태

노동의 정상적인 형태는 토지에서 일하는 것이다. 이스라엘 종족과 가족에게 분배된 토지가 법에 따라 보호를 받는다면 개인이 노동할 기회는 부족하지는 않을 것이다. 율법은 환경에 따라 토지 소유가 바뀔 때 원소유자의 권리가 침해를 받지 않고 대체 노동을 통해 생존을 유지해 가도록 했다. 살아가면서 천재지변이나 전쟁, 인간의 부주의 등으로 재산을 잃고 노동의 근거를 잃었을 때 율법은 그 형제를 보살펴 주도록 했고(레 25:25), 그를 부양하고 품꾼으로 일할 수 있는 기회를 제공해 주도록 하고 있다(레 25:39, 40). 땅이 없는 나그네와 우거하는 자들에게도 일거리를 주어야 한다. 임금 노동자들을 잘 대우해야 하고, 일한 그 날의 임금을 반드시 지불하도록 명하고 있다(신 24:14, 15). 레위인은 노동에 대한 특별한 규정에 적용되는 족속이었다. 레위인은 분배받은 약속의 땅에서 아무런 상속도 받지 못했다. 하나님은 그들이 다른 노동의 방법을 통해 살아가도록 하셨는데, 그것은 하나님의 성전에서 봉사하는 일이었다. 다른 지파는 그들의 토지에서 생산한 십일조를 레위인을 위해 바쳤고, 레위 족속은 십일조와 희생 제물의 일부를 자신들을 위해 소비할 권리를 가지게 되었다.[21]

금융 거래(돈 및 식물)와 이자

성경은 고대 이스라엘 사회 안에서 화폐나 식물을 통한 물물교환이나 상거래가 이루어졌음을 보여 주고 있다. 율법이 말하는 그 당시 금융 거래의 규정은 이스라엘인 간의 거래와 타국인과의 거래에 차별을 두었다. 먼저 율법은 이스라엘 백성과 가난한 자에게 이자를 부과하는 것을 금하고 있다(출 22:25; 레 25:35-37; 신 23:19, 20). 남에게 빌려 준 돈이나 물질에 대해 어떠한 이식도 부과하지 말도록 한 것은 오직 이스라엘 백성들에게만 적용되었다. 이 규정은 공동체 내에서 가난을 완전히 몰아내기 위해 주신 것이 아니라 가난한 자들을 보호하기 위한 규정이다. 이 사회에는 가난한 자들이 항상 존재한다(신 15:11). 이 규정은 경제적으로 가난하고 약한 사람들에 대한 하나님의 사회적 관심이다. 이와 같은 윤리적 원리에서 가난하고 멸시받고 천대받는 사람들을 보살펴 주어야 할 사회적 책임감이 그리스도인에

---

21) 황봉환, 「크리스천과 자본주의」 (엠마오, 1996), pp. 72-82.

게 부과된 것이다.

그러나 율법은 타국인에게 이식을 받는 것을 허락하고 있다. "타국인에게 네가 꾸이면 이식을 취하여도 가하거니와 너의 형제에게 꾸이거든 이식을 취하지 말라"(신 23:19, 20). 이 말씀은 돈이나 식물의 차용에 대해 이식을 물라는 대부에 관하여 기록된 유일한 성경 구절이다. 상거래상 타국인에게 금전이나 식물을 빌려 준 경우에는 이식을 받도록 했다. 타국인은 언약 밖에 있는 백성이고 그들이 돈이나 식물을 빌리는 경우는 그것으로 이윤을 남길 목적이 있기 때문이다. 이는 만일 상인이나 무역업자들이 돈이나 식물을 빌려서 자본을 늘려 사업에 이용하여 사업을 확장했다면 빌린 돈에 이식을 부과하는 것은 정당한 것임을 보여 준다.[22]

정당한 상거래(商去來)

상거래의 기본 윤리는 생산물이나 상품을 통해 나의 이익(利益) 이전에 타인과 사회의 유익과 즐거움과 만족을 주어야 하는 것이다. 그러나 오늘날 상거래는 오직 자신의 이익만을 위하여 불공정한 상거래를 하는 자들이 판치고 있다. 성경은 "네 이웃에게 팔든지 네 이웃의 손에서 사거든 너희는 서로 속이지 말라"(레 25:14)고 한다. 또한 공정한 저울과 되를 사용하라고 한다. "너는 주머니에 같지 않은 저울추 곧 큰 것과 작은 것을 넣지 말 것이며, 네 집에 같지 않은 되 곧 큰 것과 작은 것을 두지 말 것이요 오직 십분 공정한 저울추를 두며 십분 공정한 되를 둘 것이라"(신 25:13-15). 공정한 상거래를 하지 않은 자

---

22) Ibid., pp. 60-69.

에 대하여 "무릇 이같이 하는 자 무릇 부정당히 행하는 자는 네 하나님 여호와께 가증하니라"(신 25:16)고 한다. 그러므로 정당한 상거래는 모두에게 요구되는 규정이다. 이것이 바른 상거래 윤리의 기초이다.[23]

재산 피해에 대한 보상

율법은 여러 가지 재산 피해와 관련된 규정을 말하고 있다. 몇 가지 유형을 검토해 보면 ① 태만으로 인한 손실(출 21:33, 34), ② 짐승의 싸움으로 인한 손실(출 21:35, 36), ③ 도둑으로 인한 손실(출 21:37, 22:1-3), ④ 부주의로 인한 손실(출 22:4-6), ⑤ 다른 사람에게 물건을 맡김으로 인한 손실(출 22:7-15) 등이다. 율법은 인간의 생계의 수단인 짐승(소나 나귀)에게 손실을 입혔을 경우 충분한 배상을 하도록 명령하고 있다. 도적이 물건을 훔친 후 그것을 처분하고 배상할 능력이 없는 경우 그는 자신을 노예로 팔아 배상하도록 했다. 그러나 훔친 물건이 아직 수중에 있고 잘못을 회개하고 자발적으로 배상할 가능성이 있을 경우 도적은 장물의 1/5만 더해서 배상하도록 했다(레 6:4, 5; 민 5:6, 7). 또한 경한 범죄에는 경한 배상을 요구했다(양은 4배, 살아 있는 소나 나귀는 2배, 성경의 최고의 배상액은 5배). 이와 같이 성경에는 사람들이 다른 사람의 재산에 대하여 피해를 입혔거나 손실을 가져오게 한 경우 율법의 규정에 따라 배상하도록 되어 있다. 이것은 사유 재산의 보호와 남에게 끼친 손실에 대해 책임질 줄 아는 경제적으로 정의로운 사회를 만들고자 하는 하나님의 의지를 반영한

---

23) 송병락, op. cit., pp. 48,49. Donald A. Hay, op. cit., pp. 36, 37.

것이다.

경제적 빈곤

어느 시대, 어느 국가든 경제적으로 빈곤한 자들이 있기 마련이다. 하나님은 이러한 경제적 불균형과 관련해 사회 복지 제도에 관심을 두셨다. 사실 인간이 만든 경제 제도는 자본주의든지 사회주의든지 경제적 불균형을 완전히 해결할 대안을 제시하지 못한다. 하나님께서 규정하신 사회 복지에 관한 깊은 관심만이 이를 최소화시킬 수 있다. 성경은 경제적으로 빈곤한 자들에 대하여 폭넓게 대응책을 제시했다.

① 어떤 이유로든지 토지나 재산이 없어서 생계가 곤란한 외국인, 고아, 과부, 가난한 자들을 위해 밭이나 포도원의 수확물을 다 거두지 말고 남겨 둘 것을 요구하고 있다(신 24:19-22).

② 임금 노동자들에 대하여 해 지기 전에 임금을 지불할 것을 요구하고 있다(출 22:26, 27). 노동자들을 고용한 주인이나 기업주는 하루하루 노동으로 생계를 유지해 가는 노동자들의 임금을 그날그날 지불할 것을 요구받고 있다. 그들에게 하루 품삯을 지불하지 않는다는 것은 그들의 생명을 위협하는 것과 같으며, 이는 불쌍한 이웃을 냉대하는 처사이다.

③ 가난한 자들에게 이자를 부과하는 것을 금지하고 매 7년과 50년마다 부채를 탕감해 줄 것을 요구하고 있다. 천재나 인재로 인하여 자신이 종으로 팔려 가거나 혹은 이웃에게 빌린 돈이나 물건을 갚지 못할 경우 그것을 어느 시점에 탕감해 주도록 하는 특별법을 제정해 주신 것이다.

④ 자연 재해나 전쟁으로 인하여 토지 노동자들이 수확할 수 없어 빈곤에 처하면 그의 전 가족 구성원들이 그에게 꾸어줌으로써 그를 부양해야 한다(레 25:35-38). 이 때 꾸어주는 것은 이자를 요구할 수 없다. 이 외에도 음식 준비에 필수적인 맷돌을 저당 잡을 수 없도록 했고, 만약 겉옷을 저당잡았으면 그것으로 잠잘 수 있도록 밤에는 주인에게 돌려 주도록 했다(신 24:6, 10-13).[24]

(3) 모세의 율법으로 본 토지관

고대 이스라엘 국가 안에서 재산에 대한 근본적인 기초는 토지였다. 물론 성경에서 재산에 관하여 언급할 때 토지뿐만 아니라 가옥, 양 떼, 소 떼, 금과 은 그리고 어떤 곳에는 종들까지도 재산에 포함시키는 넓은 의미로 사용하기도 한다. 모세를 통해서 주신 하나님의 법은 이스라엘 민족의 영적인 생활을 위한 법령이었을 뿐만 아니라 국가의 틀을 이루는 정치 체제였다. 더욱이 모세의 율법은 한 민족의 공동체로 살아가는 인간 삶의 관계를 규정하는 법칙이었을 뿐만 아니라 인류를 향한 하나님의 계획과 목적을 미리 알려 주고, 개개인의 행동에 대한 도덕적 원리를 보여 주는 하나님의 계시였다.

모세의 율법은 문명화된 오늘날의 세계가 기초를 두고 있는 법적인 체계와는 많은 부분에서 차이점이 있다. 깊이 생각해 보면 모세의 율법은 오늘날 모든 국가가 수용하는 법적인 조직과는 달리 특별한 상황하에서 특별히 선택된 민족에게 주어진 특별법이라 할 수 있다. 법이 주어진 근본 의도는 국가의 법적인 기초를 제공하기 위해서가

---

24) 황봉환, 「크리스천과 자본주의」(엠마오, 1996), PP. 41-46.

아니라 하나님과 선택받은 이스라엘 민족 간의 신앙의 관계와 선민의 영구적인 안녕과 복지를 실현하고 정착시키기 위해서였다. 이러한 관점에서 볼 때 오늘날의 국가들이 세워 놓은 법적 체계가 국민들의 완벽한 사회 복지 정책을 실현할 목적으로 세워졌는가 하는 것은 생각해 볼 일이다.

오늘날 국가나 국가 간에 만들어 놓은 법은 국민들의 생활에 유익을 주는 것들도 있지만 불리하게 작용하는 것들도 있다. 현대 국가의 법은 인간 개개인의 권리와 권익을 지나치게 강조함으로 인간에게 지나친 권위를 부여했고, 인간의 재산과 부에 종속되도록 유도했다. 다른 한편으로는 개인의 권리를 강조함으로 자본주의 체제 하에서 거대한 재산을 상속받거나 재산을 소유한 자들과 단순히 자기 노동으로 생활해 가는 자들 사이에 경제적 불균형을 유발시키기도 했다.

모세의 율법은 이스라엘 백성 개개인이 소유할 수 있는 것에 제한을 두면서 하나님을 유일한 통치자로 모신 하나의 유기적 공동체로서의 이스라엘을 위해 계획되고 실천되도록 전달된 것이다. 그러나 전 세계 민족이 이 법 하나만을 토대로 하여 한 곳에서 함께 살아가도록 주신 것은 아니다. 이스라엘 국가 안에서 토지는 하나님의 약속에 따라 주어졌고, 그분이 주신 법에 따라 다스려졌으며, 그분의 능력에 의해 보호를 받았다. 하나님은 모세를 통해 이스라엘 백성들이 가나안 땅에 들어갈 때 그 땅에 거하는 민족을 쫓아내고 진멸하여 그 땅을 차지하고 정착하여 살면서 하나님이 명하시는 법대로 살 것을 명하셨다. 중요한 것은 하나님이 주신 그 땅이 어떤 목적으로 사용되도록 하셨는가 하는 점이다.

이스라엘이 얻은 가나안 땅은 하나님의 명령에 따라 각 지파에 분배되었고, 각 지파는 각 가정에 균등히 분배했다. 그 땅에서 얻은 소산물도 백성들 가운데 골고루 분배되도록 허락되었다. 재산이나 소산물의 고른 분배를 위한 제도는 개인이 법이나 권력을 이용하여 악한 생각으로 재산을 독점하려는 행위로부터 보호를 받도록 한 것이다. 사실 이방 국가의 법은 가진 자나 권세 있는 자가 토지나 재산을 독점화 하는 것을 막지 못하고 있을 뿐만 아니라 가진 것이 없는 자들이 땅이나 재산을 갖지 못하고 영구적으로 가난하게 되는 것을 예방해 주지 못하고 있다.

그러나 하나님의 법은 다르다. 하나님께서 이스라엘 백성들에게 주신 법은 한 사람이 많은 땅을 독점할 수 없도록 되어 있다. 모세의 율법은 이스라엘 백성 전체의 공동 행복과 번영을 위해 주신 약속의 땅을 한 사람이 독점하도록 허락하지 않고 있다. 왜냐하면 그 당시는 모든 백성들이 오직 땅을 통해서만 일하고 살아가야 하는 시대였기 때문이다. 이스라엘 백성 가운데서 레위인만이 예외였다. 여기서 우리가 고찰해 보아야 할 것은 모세의 법이 한 개인의 소유를 어떻게 안전하게 보장하고 있는가 하는 점과 토지의 매매를 어떻게 허락하고 또한 금지하고 있는가 하는 점이다.

하나님께서 약속하신 가나안 땅은 이스라엘 매 지파가 획일적으로 분배받은 것이 아니라, 각 지파의 가족과 사람의 수에 따라 차별이 생기지 않도록 분배된 것이다(민 33:54). 땅의 분배 과정 역시 어느 지파에게 우선권을 주지 않았다. 하나님께서 아브라함에게 약속하신 가나안 땅은 여호수아의 지도하에서 각 지파에 완전히 분배되었다(수 18:1-10). 가나안 점령 이후 땅 분배가 이루어졌고 이스라엘은 그 땅에 정착하게 되었다.

하나님께서 명하신 토지법은 환경이 바뀔 때 소유자의 권리가 침해받는 것을 보호해 준다. 사람은 누구나 행복을 추구하며 살아가지만 천재지변이나 인재로 인하여 불행하게 될 때도 있다. 인간이 재난을 만나 불행한 상황에 처하면 그 불행을 최소화하기 위해 노력할 것이다. 토지나 재산을 가지고 있는 사람이라면 그것을 저당잡히고서라도 돈을 빌려 불행을 막으려고 할 것이다. 그러나 빌린 돈에 대해 이자를 지불하지 못하고 저당잡힌 금액을 마련하지 못한다면 재산이라도 팔아야 한다. 이렇게 되면 땅과 재산을 가지고 있던 소유주는 땅이나 재산과 관련된 모든 권리를 잃게 된다. 그러나 이스라엘 민족에게 주신 율법의 토지법하에서는 이러한 일이 불가능하다. 이스라엘 나라 안에서 각 지파의 가족이 취하고 있는 재산은 양도할 수 없는 가족의 소유였다. 만일 가족이 경제적으로 어려움을 당하면 그들은 땅이나 가옥을 저당잡힐 수는 있었으나 그것이 영원히 다른 사람의 소유가 되는 것은 아니었다. 저당잡힌 재산(토지나 가옥)은 단지 희년이 될 때까지 다른 사람의 관리하에 있을 뿐이었다. 모세의 율법 중에 희년에 관한 법은 어떤 가정이나 사람이 토지나 가옥을 저당잡혔을 때 희년이 되면 어떠한 대가도 지불하지 않고 그 재산을 원주인에게 되돌려 주도록 되어 있다(레 25:12, 13).

또한 모세의 율법은 모든 이스라엘에게 돈의 거래를 제한하고 있다. 재산을 일시적으로 사거나 팔 때도 받을 수 있는 돈의 금액 역시 희년의 연수에 따라 결정되었다. 다음 희년이 올 때까지 그 연수가 많이 남았으면 값을 많이 받았고, 그 연수가 적게 남았으면 값을 적게 받도록 했다(레 25:15, 16). 이러한 법 규정은 땅을 소유한 백성들의 권리가 영원히 빼앗기지 못하도록 일정한 연수 안에 원주인에게 되돌아오게 한 것이다. 그러므로 사는 자나 파는 자 사이에 어떠한 부정을 행할 수 없도록 그 땅의 가치, 즉 열매의 소출이 많고 적음에 따라 값이 정해졌다.

하나님이 제정하신 이러한 법은 이방인 사회에서 널리 시행되고 있는 여러 가지 악법을 미연에 방지하는 역할을 했다. 오늘날 국가의 법은 개인의 권리만 너무 강조하다 보니 한 사람이 거대한 재산을 축적하는 것을 막지 못하고 있다. 그러나 모세의 율법은 공동체 안에서 한 개인이나 가족이 당하는 경제적 어려움을 막아 주는 데 공헌했고 개인의 행복과 건전한 사회로의 발전에 기여했다.

모세의 율법에 명한 토지법과 현대의 국가 토지법 사이에는 상당한 차이점이 있다. 모세의 율법은 토지를 저당잡혔을 때도 이자를 지불할 것을 요구하지 않는다(단지 이스라엘 백성들 사이에서만). 또한 빌린 돈에 대해서도 일정한 기간이 되면 자연적으로 탕감 받을 수 있도록 했다(매 7년마다). 그러나 현대의 국가 토지법은 원금에다 지불되지 아니한 이자에 이자까지 덧붙여 지불할 것을 요구한다. 이런 일을 경험한 사람들이라면 성경의 토지법과 일반 국가의 토지법 사이에 큰 차이점이 있다는 것을 알 것이다.

그렇다면 오늘날 자본주의 사회법하에서 토지나 재산에 관하여 일어나는 여러 가지 문제점을 해결하는 방법은 없을까? 하나님께서 모세를 통해 주신 성경의 토지법을 오늘 우리 시대에 적용할 수 있을까? 참 어려운 질문이다. 현대의 국가법 기준에서 볼 때 문제점들을 시원하게 해결할 방법은 없다. 물론 성경의 토지법에 의해서도 모든 문제가 해결되는 것은 아니다. 그러나 하나님께서 모세의 율법을 통해 주신 토지법은 문제를 선히 해결할 수 있는 원리를 제공하고 있다. 그리스도인은 이러한 원리를 이 시대에 적용할 수 있도록 연구해 보아야 할 것이다.

하나님이 주신 토지법은 개인이나 인류 공동체의 경제적 관심을 높여 주고 행복한 가정 생활을 영위해 갈 수 있는 원리를 제공하고 있다. 하나님은 이스라엘 백성들에게 가축을 기르고 땅에서 소출한 것으로 하나님을 예배하며, 그 땅을 소유하여 경작해 가도록 하셨다. 이것은 땅의 사유화를 의미한다. 성경은 여러 곳에서 사유 재산의 정당성을 이야기하고 있다. 토지의 사유화(privatization) 혹은 가족화(familization)를 위한 제도적 장치는 소유권자가 실제적인 권리를 인정받을 수 있도록 하며 소유자가 땅을 경영하고 생산하는 일에 더 깊은 관심과 책임성을 가지고 일할 수 있게 한다.

사유화라는 제도하에서 분배된 토지를 양도할 수 없는 가족의 소유로만 묶어 둔다면 인구 증가에 대한 장기적인 공급 대책에 어려움이 있을 것이라 생각할 수도 있다. 그러나 이스라엘 백성들에게 분배된 토지의 할당량이 정확히 얼마인지는 알기 어렵지만, 하나님은 그 당시 가족뿐만 아니라 미래에 태어날 후손들의 증가를 위해서도 충분한 양의 땅을 제공하셨을 것이다.

혹자는 성경의 토지에 관한 원리는 공동 소유, 공동 생산 그리고 공동 분배의 원리를 제공한다고 한다. 그러나 이것은 성경적인 답변이 아니다. 어느 국가가 개인이나 인류의 경제적 번영과 행복을 위해 땅의 공유화 혹은 국유화를 주장한다면 그것은 오히려 소수의 권력과 집단에 의해 부정한 거래를 하도록 하며 착취할 수 있는 가능성을 주는 것이다. 이제 토지법의 몇 가지 규정들을 살펴보기로 하자.

토지의 안식

하나님은 이스라엘 백성들에게 매 7년째 오는 안식년을 선포하시면서 그 해에 모든 토지는 경작을 멈추고 쉬도록 하셨다(레 25:3,4). 안식이라고 해서 모든 일로부터의 멈춤을 의미하는 것은 아니다. 단지 토지를 경작하여 씨를 뿌려 생산하는 일로부터의 쉼을 의미한다. 토지에 대한 안식을 법적으로 규정하신 목적은 중요한 교훈을 담고 있다. 땅을 안식년마다 주기적으로 묵히게(쉬게) 하는 것은 비옥한 땅을 계속 유지토록 하여 늘 풍성한 수확을 백성들에게 생활에 공급하시려는 목적이 있다. 나아가 이스라엘 백성들 중에 가난한 자와 나그네가 굶지 않고 먹을 수 있는 기회를 제공해 주신 것이다(레 25:6; 출 23:11). 밭이나 포도원의 모든 소출을 가난하고 궁핍한 자들이 자유롭게 먹을 수 있도록 허락하신 것은 공동체의 사회 정의를 위한 기초를 제공해 준 것이다.

토지의 되물림(속량)

모세의 율법은 이스라엘 백성들에게 매 50년째(일곱 번의 안식년, 49년 후 7월 10일 속죄일) 되는 해를 희년(The Jubilee)으로 지키도록 규정하고 있다(레 25:8-34). 희년도 안식년과 마찬가지로 어떤 종류의 농사일도 해서는 안 되나, 밭이나 포도원의 자연 소산을 먹을 수는 있다(레 25:12). 또한 희년에는 모든 사람이 자유를 얻어 자기 본래의 기업으로 돌아가도록 했다(레 25:10, 13). 만약 토지를 팔았을 경우 그 효력은 영원한 것이 아니었다. 어떤 이스라엘 사람이 토지를 팔았을 때 희년 이전에 판 사람이나 근족(가장 가까운 친척)이 토지를 되찾아야 한다는 규정이 있다.

이 토지의 되물림(속량)은 두 가지 방법으로 행해진다. 먼저는 가장 가까운 근친자에 의해 선매하는 경우이고 다른 한 가지는 원소유자가 희년 이전에 그 땅을 다시 살 수 있는 권리이다(레 25:24-28). 만약 원소유자가 속량할 능력이 없을 때 그 토지는 희년에 아무런 변상 없이 원소유자나 그의 상속자에게 되돌려 주도록 되어 있다(레 25:28). 소유자나 그의 근족이 그 땅을 다시 찾기를 원했을 경우에 매매 이후로 지나간 햇수를 계산하여 그 땅을 산 사람은 다음 희년 때까지 남은 기간 동안 지불되어야 할 만큼의 구입 대금만 받았다(레 25:25-27).

희년에 판 땅을 다시 찾는 권리는 다음과 같은 경우에는 절대적으로 지켜져야 했다. 첫째, 촌락이나 성벽이 없는 곳의 토지와 가옥은 반드시 되돌려져야 했다. 둘째, 레위인들에게 할당된 성읍에 있는 그들의 집과 거기 딸린 밭들은 절대적으로 되돌려져야 했다. 왜냐하면 성벽이 둘리지 않은 촌락은 나라의 토지로 간주되었으며, 레위인의 성읍은 성읍의 규정이 아닌 토지 규정에 따르도록 되어 있었기 때문이다(레 25:33 이하). 그러나 이 규정은 성벽이 있는 성 안의 가옥에는 적용되지 않았다. 성벽이 있는 성 안의 가옥은 되무를 수 있는 권리가 1년 동안만 지속되었다(레 25:29, 30). 1년 동안 되무를 능력이 없을 경우 영원히 구입한 자의 소유가 되며 희년의 혜택도 받지 못한다. 사실 팔고 사는 것은 소유권 자체가 아니라 희년까지의 사용권(땅을 이용하고 수확하는 권리)이었다: 소유된 땅은 하나님이 주신 영원한 기업이므로 팔 수 없었다(레 25:34).

이러한 토지법의 시행은 특별한 종교적 사상과 환경하에 있었던 이스라엘 민족에게만 적용되었던 것이다. 이 법이 잘 시행되었다는 분명한 역사적 자료를 얻을 수는 없다. 단지 룻기 4장에 보면 땅을 되무르는(속량) 법이 두 가지 면에서 그 범위가 확대되어 시행되었음을 볼 수 있다. 한 가지는 과부들이 자기 남편의 재산 소유권을 얻었다는 것과, 다른 한 가지는 가장 가까운 근친자가 속량을 거절할 때 그 다음 근친자에게 권리가 돌아간다는 것이다. 모세의 법에서는 이 두 가지 문제가 언급되지 않았다. 이러한 예는 상황에 따라 모세의 법이 적용된 것으로 볼 수 있다.

예레미야 32장에서는 선매법에 관하여 이야기하고 있다. 레위기 25:34에서는 레위인 성읍 근교 밭의 판매를 금지하고 있는데, 예레미야 32장에서는 이를 가능한 것으로 이야기하고 있다. 아마 레위기의 토지법은 타인에게 파는 것을 금지하고, 친자나 상속인에 대해서는 금지하지 않은 것 같다. 이 외에도 모세의 토지법의 시행에 관해서는 몇 곳에서 언급되어 있다(겔 7:12 이하, 46:17). 희년의 법을 제정한 목적은 안식년처럼 땅을 쉬도록 하고 땅과 더불어 살아가는 고대 사회의 농부들이 겪던 경제적인 불행도 해결해 주려는 목적이 있다. 전쟁이나 흉년으로 인하여 농부들은 빚을 지는 경우가 생기면 이자나 저당 없이 돈을 빌릴 수 없었다. 따라서 채무를 갚지 못해 양도하거나 노예 생활을 해야 하는 경우가 있었다. 하나님은 이 법을 통하여 그의 백성이 당하는 불행을 극복하도록 하시며, 자유를 잃었던 농부는 해방되고 팔렸던 땅도 원주인과 가족에게 돌아가게 하셨다. 이를 통해 사회 정의를 실현하기 위한 하나님의 세심한 계획을 보게 된다.

토지의 헌납

토지에 대한 헌납은 그 토지의 소유자일 때만 가능하다. 땅을 상속받은 소유주는 그에게 그 땅을 주었던 여호와께 일부분을 헌납할 수가 있었다. 하나님께 서원한 것을 되무르려면 희년까지 수확물 가격에 1/5을 더 지불해야 한다. 그러면 밭은 그의 소유가 된다. 만일 토지를 구입하면 그 땅이 자기의 소유가 될 때 하나님께 헌납할 수 있었다. 또 희년이 될 때까지 그 땅의 농산물만 구입을 한 것이기에 농산물만 서원할 수가 있었다. 희년이 되면 그 땅은 원주인에게 돌아간다. 성경은 만일 밭의 소유자가 희년이 되어도 되무르기를 거절하면 그 밭은 여호와께 전적으로 드린 성물이 되어 제사장의 기업이 될 것이라고 말한다(레 27:20-24).

레위인과 토지

하나님께서 이스라엘 백성들에게 분배하신 약속의 땅에서 레위인들은 아무런 상속도 받지 못했다. 그러나 하나님께서는 다른 방법을 통해 그들이 살아가도록 하셨다. 레위인들은 다른 지파의 사람들이 그 땅에서 생산한 모든 것의 십일조(1/10)를 공급받아 살아갔다. 또한 하나님은 레위인들이 거할 수 있는 성읍을 주어 지정된 장소에서 살게 하셨다. 그 성읍 주변의 들도 레위인들에게 주어 가축과 짐승들이 거할 수 있도록 하셨다(민 35:1-3; 수 21:1-3). 레위인들에게 허락된 모든 성읍은 이미 다른 지파들에게 분배한 것이며, 매 지파에서 3, 4성읍을 공출케 하여 얻은 것이 총 48성읍과 그 주변의 들이었다(수 21:41, 42). 이 성읍들은 한 곳에 세워진 것이 아니라 각 지파의 지역 안에 흩어져 있었다. 그러나 레위인들에게 허락된 일은 오직 여호와의 성막에서 봉사하면서 하나님을 섬기고 백성들에게 율법을 가르치는 일이었다(민 8:14, 16:9; 말 2:7).

4. 사회주의 경제 이론과 그 윤리적 평가

- 사회주의 경제 이론
- 사회주의 경제 이론의 윤리적 평가
- 사회주의 경제 이론에 대한 종합적인 평가

4장 사회주의 경제 이론과 그 윤리적 평가

1) 사회주의 경제 이론

사회주의[25] 경제 이론은 자본주의 경제 이론에 대한 칼 마르크스 (K. Marx)의 도전으로 발생했다. 그것은 마르크스(Marx) 당시 자본주의의 비인간성과 비도덕성에 대한 커다란 반발에서 비롯된 것이다. 영국에서 일어난 산업혁명은 기계를 사용한 생산량의 증가를 위해 많은 노동자들을 필요로 했다. 많은 노동자들이 공장에서 하루 15시간 내지 16시간을 노동하면서도 극심한 빈곤과 열악한 환경에 처해 있었다. 이러한 비인간적 상황을 야기시킨 자본주의 체제에 대한 모순점을 보면서 마르크스는 "자본주의는 노동자들을 자신의 일에서 뿐만 아니라 동료들로부터 소외시키는 인간 소외의 생산 양식"[26]이라는 결론에 이르게 된다. 사회주의는 근본적으로 자본주의를 거부하며 사회주의의 도덕적 목적을 바로 세움으로 인해 자본주의가 안고

---

25) 모든 유형의 사회주의는 칼 마르크스(K. Marx)로부터 상속받은 것이다. 그러나 사회주의 강령의 초점은 경제학이다. 그러므로 사회주의 경제 이론을 이해하지 못하면 사회주의 체제와 사상을 이해하기 어렵다.
26) 밥. 하웃즈바르트(Bob Gauzwaard), 「자본주의와 진보사상」 (IVP, 1989), p. 127.

있는 문제점들을 해결하고자 하는 것이다. 결과적으로 마르크스는 비인간적 소외 계층의 맹렬한 반항을 통해 자본주의 체제의 몰락을 예고했던 것이다. 마르크스는 당시의 자본주의를 분석하여 노동력의 착취, 자본의 사유화, 생산 구조의 변화 등을 비판적으로 검토하고 그것을 사회주의 경제학과 사회학 그리고 사상 발전에 기여했다. 이러한 마르크스의 사회주의 경제관은 몇 가지 사회주의 강령에 의해 세워지고 발전되었다.

(1) 공산주의 강령(The Communist Programme)

사실 마르크스의 사회주의 이론은 '공산당 선언(The Communist Manifesto)'과 '고타 강령 비판(Critique of the Gotha Programme)'[27] 에 기초를 두고 있다. 여기서 마르크스는 자본주의 사회로부터의 혁명에 의하여 새로운 사회가 태어날 것임을 믿었다. '고타 강령 비판'에서 마르크스는 혁명 후의 사회는 두 단계로 발전할 것이라고 예견했다. "첫 번째 단계에서는 프롤레타리아(proletariat)가 권력을 장악하고, 부르주아(bourgeois) 사회의 원리들을 모든 노동자에게 확대시킨다. 생산자들이 국가가 되고 생산수단을 통제한다"[28]는 것이다. 또 "두 번째 단계는 앞으로 도래할 이 새로운 사회를 한 차원 더 높은 사

---

27) K. Marx, F. Engels, *The Communist Manifesto* (1848) ; K. Marx, [Critique of the Gotha Programme], trans. by D. McLellan.
28) Donald A. Hay, *Economics Today: A Christian critique* (England: Apollos, 1989). pp. 183-184. 특별히 마르크스는 「공산당 선언」에서 이 첫 번째 단계의 특징이 될 열 가지 규정을 밝혀 놓았다. 그 속에는 토지 소유의 폐지, 누진적 소득세, 상속의 폐지, 금융기관과 운송 및 통신수단의 중앙통제, 생산수단의 국유화 확대, 어린이들을 위한 무상 교육" 등이 들어있다. 후에 레닌은 이 단계를 사회주의(socialism)라고 했다.

회로 구별한다"고 한다. 이는 '공산주의 사회의 더 높은 단계'를 말한 것이다. 이 사회를 레닌은 '공산주의(communism)'[29] 라고 불렀다. 레닌은 이 두 번째 단계가 마르크스의 사회주의 혁명 후에 국가 (프롤레타리아 계급의 노동자)가 물질적 생산을 통한 경제 생활의 풍부한 발전이 있을 때인 1980년경에 이행될 것이라고 했다. 레닌이 발전시킨 이 유형에는 네 가지 기본 요소가 포함되어 있다.

첫째, 경제적 권력은 노동 계급의 이익을 증진시키고자 노력하는 공산당에 집중되어 있다. 당은 지속성 있는 경제 정책을 마련하고, 사회의 장기 목적에 관하여 기본적인 가치 판단을 내린다. 둘째, 생산 수단 특히 자연 자원과 자본 설비는 사회적으로 소유된다. 이것은 농업, 공업, 금융, 재정, 분배, 외국 무역에 적용된다. 소규모의 민간 부문 혹은 개별 부문들이 존재할 수 있지만, 그것들의 활동은 극도로 축소된다. 셋째, 시장 과정은 경제 계획에 의해 대체되거나 보완된다. 거시 경제적 목적들은 공산당에 의해 결정되고, 경제 계획 입안자들은 그러한 목적에 따라 움직인다. 넷째, 이 체제는 국민 소득을 사회적으로 공평하게 분배하는 것을 추구한다. 재산으로부터는 화폐 소득을 얻을 수 없다. 근로 소득은 행해진 일의 양과 질에 기초하여 결정된다. 민간 소비는 잘 발달된 공공재 제도에 의해 보완된다. 공공재는 국가에 의해 공급된다."[30] 이러한 유형들은 자본주의의 결점들에 대항하기 위해 고안된 것이다.

---

29) "공산주의"(communism)는 인간 내면의 새로운 의식, 일에 대한 새로운 태도, 생산의 새로운 기초, 새로운 국가형태 등으로 특징지을 수 있다.
30) Donald A. Hay, op. cit., p. 185.

이러한 원칙에 따른 결론은 이렇게 정리될 수 있다. 노동자 계급(프롤레타리아)이 국가를 통제한다면 자본가 계급은 존재하지 못하고 그러면 계급 갈등의 주된 근원은 사라질 것이다. 자본은 노동자 계급을 대신하여 국가가 소유하기 때문에 노동자들의 소외는 부분적으로 제거된다. 더 이상 자본가 계급(부르주아)에 의해 전유되는 잉여는 존재하지 않는다. 잉여는 국가가 노동자들의 이익을 증진시키기 위해 사용한다. 특별히 국가가 개인 재산 소득을 폐지하고 공공재를 풍부하게 공급하는 동시에 소득 분배를 통제한다면, 극단적 빈곤의 위협은 사라질 것이며 소득 수준의 지속적 불균형은 방지될 수 있을 것이다.

(2) 신 마르크스주의의 사회주의 강령(The Neo-Marxist Socialist Programme)

신 마르크스주의 강령의 중대한 부분은 '노동자의 소외 문제를 어떻게 다루어야 할 것인가?' 라고 하는 데 있다. 이에 대한 해결책은 노동자가 경제 계획 과정에 참여하고 부의 불평등을 줄일 수 있는 조처를 마련하는 데 있다는 것이다. 이 강령을 실행하기 위한 권력의 기초는 민주적으로 선출된 사회주의 정당이 되어야 한다는 것이다. 그것은 노동조합운동(trade union movement)에 그 뿌리를 두고 있다. 이 강령의 목표는 제조업 부문에서 다수의 대기업을 국유화하고 제한적이었던 계획화를 모든 기업에까지 확대하는 데 있다. 이러한 논리는 다국적 기업인 대기업은 사회 전체의 유익을 위하여 행동하지 않는다는 데서 비롯된 것이다. 그래서 모든 대기업은 국가 계획의 실행에 연루될 것이다. 이 계획에는 고용 효과(과잉 노동과 지역 영향)를 고려한 투자 및 생산계획이 명기될 것이다.

이 전략에 따르면 기업의 국유화는 필수적이다. 첫째, 국가는 반항하는 회사에 대해 금융 수단을 제공하는 금융 및 보험 부문을 통제할 필요가 있을 것이다. 둘째, 국유화는 계획 협정 절차에 동의하지 못한 기업, 특히 다국적 기업에 대하여 궁극적인 제재 수단이 될 것이다. 셋째, 20개 내지 25개 기업들은 공유가 될 것이다. 이것을 통해 국가는 제조업 부문의 상당 부문을 직접 통제하게 될 것이다. 넷째, 국영 기업 위원회에 의해 민간 기업들이 유리한 기회를 잡지 못하고 있는 부문에 새로운 공기업이 만들어질 수도 있다.[31] 이러한 전략은 노동자가 모든 분야에서 경제적 의사를 결정하는 일에 참여하는 것이 좋다는 분석에서 나왔다. 즉 기업 내에서 노동자들이 직접 경영을 통제하는 것이 노동자 감독을 임명하는 것 보다 낫다는 것이다. 계획 협정 제도하에서 노동 조합은 대기업의 활동과 관련된 일에 영향을 미칠 수 있는 힘을 가지게 되며, 국가의 경제 정책을 수립하고 반영시키는 일에 더 공식적이고 세부적으로 개입하게 될 것이다. 결과적으로 이 강령이 기대하는 바는 부의 평등이 확대되면 계급의 기초가 약화될 것이고 따라서 계급 적대가 줄어들 것이라는 점이다.[32]

(3) 사회민주주의 강령(The Democratic Socialist Programme)

사회민주주의자들은 좀 더 온건한 사회주의 강령을 제시한다. 이

---

31) Ibid., p. 188.
32) Ibid., p. 189.

들은 자본주의를 사회주의 체제로 대체하는 것보다는 자본주의 체제의 수정에 강조점을 두었다. 이 강령의 목적은 자본주의 체제에 개입하여 사회적 역할을 증진시키는 데 있다. 이는 정치적으로 노동 계급뿐만 아니라 모든 유권자들로부터 지지를 받을 수 있는 민주적 사회당(democratic socialist party)이다. 사회민주주의는 노동 계급으로부터 많은 지지를 받도록 노력해야 하며 또한 중산 계급의 사람들에게 강령의 정당성을 납득시켜야 하는 과제를 안게된 것이다.

수정된 강령들을 검토하면 첫째, 사회민주주의는 국유화를 신중하게 사용해야 할 정책 수단으로 간주한다. 이 강령에 따르면 "국유화가 노동자들의 소외감을 감소시킬 것이라는 신 마르크스주의자들의 희망은 무산된다." 결국 "노동자들은 민간 자본에 의해서와 마찬가지로 국가 자본에 의해서도 소외될 수 있다."[33]

둘째, 국가에 의한 경제 계획화도 신중하게 다루어져야 한다. 문제는 국가 주도의 계획화가 민간 부문의 활동을 증진시키기 위해 보완될 필요가 있는가 하는 것이다. 왜냐하면 민간 기업은 기업 운영에 수반되는 위험들을 받아들이려 하지 않거나 또는 받아들일 수 조차 없는 부분들이 있을 수 있기 때문이다. 또한 사적 비용과 사회적 비용간에 일정한 차이가 존재하는 부문들이 있을 수도 있다. 그리고 계획화는 자본주의 체제에서 인지되는 정보의 결함과 관련될 수 있다.

셋째, 사회민주주의적 분석은 절대적 빈곤보다 소득 및 부의 현격한 차이에 의해 야기되는 사회적 부조화를 강조한다. 계급 갈등이라는 측면은 불평등에 기초한 경우를 제외하고는 경시된다. 대신 불로

---

33) Ibid., p. 214.

소득에 대해서는 무거운 세금이 부과되어야 한다고 강조한다.

넷째, 교육, 보건 그리고 그 밖의 위락시설과 같은 공공재의 광범위한 공급은 재분배 장치로 간주된다. 그것은 또한 사회의 더 빈곤한 계층들에게 보다 나은 삶의 기회를 제공하기 위한 기초이다.

2) 사회주의 경제 이론의 윤리적 평가

지금까지 자본주의 경제 체제를 비판하는 마르크스(Marx)의 사회주의 경제 이론과 그로부터 발전된 신 마르크스주의 사회주의 강령과 사회민주주의 강령들을 간략하게 살펴보았다. 그러면 사회주의 경제 이론에 근거하여 윤리적으로 제기할 문제점들이 무엇인가를 고찰해 보자.

(1) 국가 주도의 경제 이론

국가 주도의 경제 이론이 국민들의 경제적 소외감을 해소시킬 수 있는가? 사회주의 경제 이론에 따르면 국가는 경제의 계획자요 실천자이다. 국가는 경제 활동의 방향을 제시하고, 생산 수단의 소유, 공공재의 공급 그리고 부와 소득의 재분배에 깊이 관여한다. 이것은 사회주의 국가가 그 목적을 달성하기 위해 취하는 강력한 국가관에서 비롯된 것이다. 강력한 국가 그 자체는 나쁘지 않다. 그러나 국민을 소외시킨 독재적이고 강력한 국가는 반드시 부패한다. 그래서 "절대 권력은 절대 부패한다"는 말을 하는 것이다. 국가의 힘을 국민들에게 두지 않고 국가가 쥐고 있을 때 국가는 반드시 그 권력을 남용하게 될 것이다. 이러한 권력의 남용을 막기 위하여 국민이 경제의 주인이 되는 사회를 만들어 가야하는 것이 바람직하다. 경제적 관점에서 국가는 노동자들의 소득과 부의 평등한 분배를 실천하기 위해 국가 기관들을 운영했다. 이는 국가만이 경제 권력의 유일한 기관이고 국민은 절대 복종해야 된다는 결과에 도달한다.

기독교의 관점에서 볼 때 국가는 하나님 위에 있는 절대적 권력기관이 아니다. 국가이든 권력자들이든 국가의 체제를 통해 하나님께서 정해 놓으신 그 임무를 충실히 수행해야 한다. 사회주의가 국가 주도의 경제 계획을 세우고 경제적 평등을 실현시키고자 했으나 결국 사회주의 국가는 권력을 독점하여 국민과 권력자들 사이에 빈부의 격차를 더 크게 만들었으며, 권력을 남용했다. 결과적으로 사회주의 권력자들은 국민의 경제적 소외감을 해소시키지 못했으며, 경제적 평등 역시 실현시키지 못했다. 국가가 절대 권력을 가지고 국민들에게 하나님의 역할을 한다는 것은 그리스도인이 용납할 수 없는 일이다. 권력자들은 하나님이 아니며, 하나님이 될 수 없다. 하나님 외에 절대 신이 없다는 것을 믿는 것이 우리 기독교 사상이다.

도널드 해이(Donald A. Hay) 교수는 국가 주도의 경제 계획화를 세 가지 점에서 반대했다. 첫째, 국가 주도의 경제 계획화는 교만한 행위라는 것이다. 왜냐하면 인류 역사에 있어 하나님의 섭리를 국가가 제도와 조직을 통해 통제하는 것은 바로 구약시대 바벨탑을 건축한 자들이 행했던 죄악이라는 것이다. 둘째, 국가는 국민들이 경제 계획화에 따라 움직이도록 요구하는데, 이것은 국민 개개인에게 주어진 청지기 정신을 무산시킨 행동이라는 것이다. 여기서 국가가 미래 경제를 위해 계획을 세우는 그 자체가 잘못이 아니라 경제적 불의와 문제 발생을 처방하기 위한 대응책이 없다는 데 문제점이 있다. 셋째, 사회주의 강령에서 보인 계급적 편향을 비판했다. 그는 사회주의를 국가가 사회의 모든 집단을 위한 정의의 촉진자라고 하여 사회의 특정 분파들을 편들기 위해 당파적인 강령을 제시한 것으로 평가했다. 그는 이것은 인간을 향한 하나님의 법의 지배를 받지 않으려는 절대적 특정 집단으로서의 행동이라고 했다.[34]

(2) 재산의 공동 소유와 사유 재산의 폐지

여기서 우리는 두 가지 윤리적 질문을 제시한다. 첫째는 '국가가 절대적 소유권을 가질 수 있는가'이고, 둘째는 '사유 재산권의 폐지는 정당한가'이다. 이 두 질문은 서로 연관되어 있다.

첫 번째 질문에 대한 윤리적 답변을 제시해 보기로 하자. 사회주의의 특징 가운데 하나는 사유 재산권을 인정하지 않는다는 것이다. 이것은 성경적 관점에서 가장 크게 윤리적 비평을 받는 부분이다. 사회주의는 재산의 공동 소유, 공동 생산, 공동 분배를 말하고 있다. 이것이 경제적 평등을 이루는 기초라고 생각한 것이다. 그러나 사회주의자들은 국민의 사유 재산권을 인정하지 않으면서도 절대 권력자 자신들의 사유 재산권은 묵인하고 있다. 국가의 절대 권력자들은 엄청난 부를 축적하고 있으나 노동자들은 엄청난 가난에 허덕이고 있다. 평등을 강조하는 국가에서 가장 불평등한 일이 실천되고 있는 것이다.

또한 성경의 관점에서 볼 때 자연 자원과 인간 개인의 재능은 하나님으로부터 부여받은 선물이다. 사회주의는 개인은 그러한 자원과

---

34) Ibid., pp. 195, 6.

재능을 사용하고 소유하고 처분할 책임을 가진 청지기란 점을 깨닫지 못한 것이다. 이를 통해 볼 때 사회주의는 개인의 소유권 행사를 간섭하는 것이며, 청지기 직분의 책임 수행을 방해하는 것이다. 성경이 말하는 청지기 사상은 한 국가 권력에게 주어진 사상이 아니다. 이것은 인류 개개인에게 주어진 사상이다. 성경이 말하는 청지기 사상은 인간의 개인적인 재능과 능력과 인류에게 허락하신 자연 자원은 하나님께서 국가의 권력자들을 위해 주신 것이 아니라 인류 모두를 위해 주신 것이라는 것이다. 이 모든 것들은 비록 인간이 소유권을 주장하고 있지만(자본주의 경제 체제하에서) 개인의 소유물이 아니라 하나님께서 일시적으로 인간에게 맡기신 것들이다. 그래서 그것들을 소유하고, 사용하고, 처분할 때 모든 인간의 마음대로 결정하고 소비할 권리가 없다. 반드시 주어진 소유에 대해 하나님 앞에서 결산해야 할 날이 있기 때문이다. 청지기 사상에는 인간이 주어진 재능과 소유를 통해 생산의 결과를 얻었을 때 그것을 마음대로 처분하는 것이 아니라 가지지 못한 자나 상대적으로 적게 가진 자들을 돕고 부양해야 할 책임까지도 있다. 만일 인간 개개인에게 청지기직 수행을 부정하고 국가가 절대 소유권을 주장한다면 국가는 인간이나 물질의 모든 소유권이 하나님께 있음을 부정하는 것이 되고, 국민은 국가를 숭배하게 만드는 것이 된다. 이것은 곧 하나님 앞에서 우상숭배이다.

두 번째 질문에 대한 윤리적 답변을 제시한다. 성경의 관점에서 볼 때 사유 재산권은 모든 사람에게 허락되어 있다. 인간은 자기 인격에 대해, 생산 수단에 대해, 소비에 대해 소유권을 행사할 수 있다. 어떤 사회주의 강령도 이 개인의 사유권을 침해할 수 없다. 이 부분에 대해서는 5장에서 보다 세부적으로 설명할 것이기에 여기서는 간략하게 언급하기로 한다. 성경은 여러 측면에서 사유 재산권을 인정하는 언급을 하고 있다. 특별히 십계명 중 여덟 번째 계명(도적질하지 말지니라)과 열 번째 계명(네 이웃의 소유를 탐내지 말지니라)[35]은 분명히 사유 재산의 침해를 부정하고 있다. 이 율법은 사유 재산권을 존중하는 증거이다. 또한 이 법에는 사유 재산에 대하여 개인이 무조건적이고 배타적으로 자신의 재산을 사용하라는 의미가 아니라 청지기직의 의무와 책임이 부과되어 있다는 것이다. 또한 신약에서 예수님은 사유 재산을 인정하는 여러 사례들을 사용하여 말씀하셨다. 달란트 비유와 므나의 비유, 지혜로운 건축자와 어리석은 건축자의 비유 등 많은 실례들을 보게 된다. 그러므로 사회주의 국가가 사유 재산권을 인정하지 않는 것은 잘못된 것이다. 재산의 독점화는 결국 생산 노동자들의 희생은 고려하지 않고 오직 국가의 유익과 이기적인 목적만을 위한 것이기에 정당화 될 수 없다. 물론 초기 사회주의 경제 체제와는 달리 사회민주주의자들은 국가 주도의 소유를 주요한 공공 시설과 일부 자연 자원에 한정하면서 동시에 개인의 사적 소유권을 인정하는 방향으로 발전했다.

(3) 인간의 자유

인간의 경제적 자유는 통제되어야 하는가, 아니면 자유 방임적이 되어야 하는가? 이 질문에 대한 윤리적 답변은 결코 쉽지 않다. 일반적으로 사람들은 경제적 자유는 자본주의 체재하에서만 가능하고 사회주의는 개인의 경제적 자유를 제한하는 것으로 이해하고 있다. 그

---

35) 출애굽기 20:15, 17.

러나 이에 대한 윤리적 규명 작업은 깊은 연구를 필요로 한다. 우리가 이해하는 대로 사회주의의 목표는 사회 정의의 이상, 즉 평등과 안전이다. 이것을 국가 주도의 계획 경제를 통해 실현시키고자 하는 것이다. 이것은 경제적으로 통제된 사회를 수립한다는 것이 아닌가? 결과적으로 국가 주도의 경제 계획화는 개인의 청지기직, 경제 활용의 가능성과 자유의 범위를 침해한다는 것이다. 그러나 국가 주도의 계획 경제 제도가 자본의 소유, 생산, 분배는 통제와 자유를 침해할 수는 있으나, 그것을 개인적으로 소비하는 일(해외 여행, 생필품 구입)이나 개인적인 일을 통한 소득(예술 활동, 문학 저술 또는 다른 개인적인 기술의 사용을 통한 소득)과 소비, 여가 사용, 해외 여행 등에 대해서는 그 선택과 자유를 침범할 수 없다. 이러한 일에 개인의 선택과 자유를 침해하려는 사회주의는 없다. 아무리 사회주의가 통제 기구라고 해도 개인의 삶의 유형이나 가부간(可否間)의 결정을 대신할 수는 없는 것이다. 그러나 경제적인 측면에서 사회주의 통치 기관이 강제적이고 억압적인 것은 틀림없는 사실이다.

그러면 성경을 통해 기독교 윤리적인 면을 생각해 보자. 성경은 인간의 자유에 대하여 통제적이면서도 긍정적인 면을 동시에 가지고 있다. 먼저 구약 성경은 자유에 대하여 제한하는 면을 보여 주고 있다. 그것이 인간의 권리를 어느 정도 제한하는 구약의 노예 제도의 허용이었다. 그러나 구약이 보여 주는 노예 제도는 인간의 존엄성과 권리와 자유를 완전히 박탈하는 인권 말살의 통제를 말하는 것이 아니다. 구약 신명기 23:15, 16을 보자. 이 구절을 보면 주인을 피하여 도망쳐 나온 종(노예)을 주인에게 돌려보내서는 안 되며, 그가 좋아하는 성읍을 선택했을 때 그 곳에서 살도록 허용해야 하며, 그 곳에서의 자유로운 삶을 억압해서는 안 된다는 것이다. 또한 종(노예)들은 노동자로서 공정한 임금을 지급받아야 한다는 규정도 있고, 채무 지불을 위해 일정한 기간 동안 종으로 일하다가 안식년이나 희년이 되면 노예로서 해방되어 자기 집으로 돌아가야 한다는 규정도 있다. 반면에 종이 원하기만 하면 평생 주인의 노예로 살도록 하는 제도 역시 법으로 규정되어 있다. 이렇게 노예 제도의 폐지에 대한 규정이 있었지만 실제로 주종(主從)의 종속 관계 제도는 신약 시대까지 여전히 계속되었다.

신약에서 바울은 주종의 관계를 영적 자유의 관점에서 언급했다. 바울은 에베소서 6:5-9에서 종(노예)들은 "두려워하고 떨며 성실한 마음으로 육체의 상전에게 순종"할 것을 명했으며, 주인을 섬기기를 주께 하듯 하고 사람에게 하듯 하지 말라고 경고했다. 또한 상전들에게는 인간의 가장 크신 상전이 하늘에 계신 자임을 말하면서 종들에게 사기치지 말고, 사람을 외모로 판단하지 말며 종들을 사려 깊게 대우하도록 가르쳤다. 그러면서 주인과 종은 모두 하늘의 상전인 하나님께 복종해야 한다는 충고도 잊지 않았다. 빌레몬서에서 바울은 주인 빌레몬과 종이었던 오네시모의 관계를 말하고 있다. 주인의 집에서 도망쳐 나온 종 오네시모를 바울이 이전 주인 빌레몬에게 돌려보내고 있다. 여기서 바울은 오네시모를 전과 같이 종의 신분으로 빌레몬에게 돌려보내지만 그의 영적 신분의 변화에 대하여 언급했다. 그를 다시 받아들이되 "이 후로는 종과 같이 아니하고 종에서 뛰어나 곧 사랑 받는 형제로 둘 자라"고 했다. 비록 세상은 여전히 제도를 통해 주종의 관계를 계속 유지하기를 바라나 하나님 앞에서의 인간은 생명의 존엄성, 권리, 자유를 똑같이 누려야 한다는 영적인 암시를 볼 수 있다.

신학적으로 인간에게 허용된 자유와 통제의 관계를 살펴보자. 인간은 하나님과의 영적인 관계에서 하나님의 형상을 따라 완전한 자유인으로(자유 의지를 가진 존재) 창조되었다. 아담과 하나님과의 교제는 하와를 중심으로 더 보완되었다. 그러나 아담에게 주어진 자유 의지의 잘못된 사용으로 아담이 범죄하여 타락하고(인간의 전적 타락) 인간은 모두 죄의 후손으로 태어난다(죄의 전가). 그러나 하나님의 본래적인 인간을 향한 사랑, 긍휼, 자비, 용서, 은혜, 축복은 변하지 않았다. 하나님의 특별하신 은총은 한 개인을 선택하여, 가족, 종족, 민족 그리고 전 인류에게 미치게 하신다. 이 과정에서 하나님의 은총은 그의 선택하신 백성들에게 미치며, 점차적으로 온 인류에게 확장되었다. 하나님께 선택받은(무조건 선택) 언약의 백성은 다른 사람이나 사회나 국가와 유기적인 관계 속에서 살아가도록 하셨다. 그러면서도 그들은 여전히 구속받은 구별된 공동체(교회)를 형성하고 있다. 바울은 로마서에서 종과 자유의 문제를 영적으로 말하고 있다. 선악을 구별할 지적 능력과 자유 의지가 인간에게 주어져 있음을 강조한다. 그러나 인간은 지적 능력과 자유 의지를 잘못 사용했다. 그것이 하나님을 알되 하나님으로 영화롭게도 아니하며 감사치도 아니한 것이다(롬 1:21). 진리를 거짓된 것으로 바꾸어 피조물을 조물주보다 경배하고 섬겼다(롬 1:25). 그리고 마음에 하나님 두기를 싫어한 것이다(롬 1:28). 인간은 그리스도 안에서 주어진 하나님의 구원의 은총을 받아들이거나 거부할 자유를 가지고 있다. 그러나 하나님의 은혜가 아니면 율법을 지킬 수 없고, 죄의 용서함에 이를 수 없고, 영원한 생명에 도달할 수도 없으며, 선을 행할 수도 없고, 하나님을 기쁘시게 할 수도 없다. 여전히 죄의 종, 율법의 종, 사단의 종으로 남아 있게 된다.

　그러나 선택받은 인간은 그리스도 안에서 그분의 대속의 죽음을 통해 죄와 율법과 사단의 노예로부터 해방되고 구원을 받으며, 하나님의 뜻을 자유롭게 행하는 새로운 자유인이 된다. 그리고 새로운 피조물이 된 그리스도인은 하늘의 상전에게 속한 종이 된다. 그래서 우리 그리스도인은 자신들을 종이라고 말한다. 이것은 하나님 안에서 얻은 새로운 자유(영적 자유)의 실천이 기독교 공동체 안팎에서 다른 사람을 섬기는 삶으로 나타나야 된다는 것을 말씀하신 것이다. 다른 사람의 영혼을 해치고 하나님의 진리를 거부하는 잘못된 자유 의지가 아니라, 진리를 전하고 가르치고 섬기는 자유 의지가 사용되어야 함을 가르치신 것이다. 예수님도 스스로를 완전한 신(神)이시면서 인간으로, 섬기는 자로 이 땅에 오셨음을 말씀하셨다. 그렇다면 그리스도인은 그리스도의 대리자로서 동료들을 존중하며 사람들을 섬겨야 한다. 사회를 향한 우리의 영적 의무와 책임이 실천되어야 한다.

　인간의 잘못된 자유 의지의 사용은 전적 타락을 가져오게 했고, 타락은 이기주의적 행위를 낳고 사랑과 신뢰의 인간 관계를 파괴했다. 그러나 그리스도 안에서 영적인 참 자유를 얻은 자들에게는 그 관계를 회복해야 할 의무와 책임이 주어져 있다. 그 의무와 책임을 통감하고 사회 속에서 자기 이웃을 내 몸과 같이 사랑하는 것이다. 그것이 사랑과 신뢰를 회복하게 만드는 길이다.

　그리스도인에게 주어진 자유는 때로는 통제되고 때로는 허락되어야 한다. 첫째, 그리스도 안에서 참 자유를 얻은 자들은 하나님을 예배하고, 말씀에 순종하며, 이웃을 사랑하고 섬기는 자유를 가지고 있다. 이 자유는 허락되고 사용되어야 한다. 그러나 이것이 창조주 하나님께 불순종하고 죄를 지어야 하는 자유가 허락된 것은 아니다. 그러한 자유는 전적으로 통제되어야 한다.

둘째, 그리스도인은 경제 활동에서 재산을 소유하고 사용하는 행동의 자유는 다른 사람에게 자신의 권리를 행사하는 것이 아님을 알아야 한다. 그리스도인의 자유 속에는 물질적 도움을 필요로 하는 자들에게 의무와 책임을 동시에 실천해야 할 자유가 주어져 있음을 명심해야 한다. 그러한 행동이 사회의 경제적 균형을 유지하도록 노력하는 그리스도인의 윤리적 행동이다.

셋째, 자본주의 사회에서도 국가가 개인의 경제적 활동에 적절한 통제를 가하지 않으면 빈부의 격차가 커지며 사회의 불안이 조성될 수 있다. 그러므로 경제적으로 행사되는 소수 개인의 권한은 적절히 통제를 받아야 한다. 그리스도인의 자유 역시 하나님의 말씀으로 통제를 받아야 하며, 경제 활동에 있어 결코 이기적인 자유방임자가 되어서는 안 된다.

(4) 인간과 노동

사회주의는 노동을 그 사회 내에 공동선(common good)을 이루기 위한 수단으로 간주했다. 노동이란 모든 사람이 자신의 능력에 따라 누릴 수 있는 선한 것이 되어야 한다는 것이 사회주의 이상이다. 사회주의는 자본과 노동의 분리로 인해 발생하는 소외와 자본주의의 경쟁 개념을 협동이라는 이상(理想)으로 대체시켰다. 사회주의가 추구한 일의 목표는 자기 이익만을 추구하는 자본가에 의해 통제를 받기보다 노동자 자신들에 의해 통제되어야 하며 그들의 이익을 위해 결정되어야 한다는 것이다. 물론 사회주의가 협동 노동을 통해 공동선을 이루려고 하는 것은 자본주의에서도 바라는 도덕적 이상이다. 사회주의는 노동자들이 재능에 따라 직업을 선택하고, 작업장을 선택하는 노동의 자유를 인정하고 있다. 그럼에도 불구하고 사회주의는 노동자들의 개인 능력에 따라 직업을 선택하지 못하고 국가 주도의 경제 계획에 따라 노동자들이 이용되었다. 그들의 노동과 미래 생활의 문제에 관한 의사 결정은 반영되지 않았다. 사회주의 경제 체제는 노동자들로 하여금 자기 능력에 따라 최선을 다하고 그 일에 책임지는 청지기로서 활동하는 조건을 제공해 주지 못한다. 결국 사회주의 노동 이상은 실현되지 않았다.

그러면 기독교 관점에서 사회주의 노동관을 어떻게 평가해야 할 것인가?

성경은 모든 인간에게 일할 권리와 의무를 부여하고 있다. 노동은 개인과 가족의 생계와 사회의 공동선을 이루기 위해 주어진 근본적인 수단이다. 성경은 하나님 자신을 일하시는 분으로 설명하고 있다. 그 하나님께서 인간에게 "땅에 충만하라 땅을 정복하라 … 다스리라"(창 1:28)고 명령하셨고 그리고 하나님께서 창조하신 에덴 동산을 다스리도록 그곳에 두셨다. 그러므로 인간은 하나님의 명령에 따라 자신과 가족의 생계와 그리고 공동선을 위한 수단으로 노동해야 한다. 구약에서 시편은 "사람이 나와서 노동하며 저녁까지 수고하는도다"(시 104:23)라고 했다. 신약 성경은 그리스도인에게 게으르지 말로 성실하게 자신의 일에 대해 책임을 다하고 정직하게 일할 것을 가르치고 있다(살후 3:8-12). 이는 "게으른 자여 개미에게로 가서 그 하는 것을 보고 지혜를 얻으라"고 하는 잠언의 기록을 반영하고 있다.

하나님은 모든 인간에게 일할 수 있는 삶의 터전인 땅(자연 자원)

을 주셨고 그 땅을 정복하고 다스리라는 통치권도 허락하셨다. 하나님께서는 언약의 공동체인 이스라엘에게 약속의 땅을 주시고 그 땅을 영원한 삶의 터전으로 유지하도록 명령하셨다. 그래서 이스라엘 종족은 그 땅을 종족의 수효에 따라 제비를 뽑아 균등히 분배하였고, 종족은 가족에 따라 땅을 분배하였다. 그 땅은 그들의 소유가 되었으며, 노동을 통해 생계를 유지할 뿐만 아니라 종교적 활동을 위해서 사용했다. 어떤 이유로 자기의 땅을 저당잡혔을 때는 임금 노동을 통해 살아가도록 허락이 되었고, 희년(일곱 번의 안식년이 지난 후 매 50년째 7월 10일 속죄일에 지키는 절기)에는 모든 사람이 자기 본래의 기업을 되찾도록 하는 사회적 안정 장치가 제도화되었다.[36] 가족의 노동을 통해 오는 수익은 창의성을 나타내는 소득이었다. 개인의 자산을 통한 이자 부과의 허용(고리대금업)은 가족 사업과 다른 사람의 사업 확장에 이용하도록 했다. 이것은 모든 인간은 자기의 재능과 자원(땅)을 가지고 일하도록 허락이 되었고, 노동의 수익으로 오는 자산으로 가족과 타인을 위해 이용하도록 했으며, 자원에 대한 공동 청지기로서 협력하는 사회적 활동을 허락하신 것이다. 아무리 개인의 노동이 중요하다 할지라도 인간은 이웃과 함께 살도록 창조된 사회적 책임을 부여받은 자이다.

그러나 사회주의의 노동관은 인간을 국가나 사회의 어떤 체제 속에서 이용되어야 할 노동 단위로 생각한다. 이것은 인간이 개인의 창의성을 발휘하며 공동체의 상호 유익과 번영을 위해 일해야 하는 온전한 인격체임을 망각하고 있다는 것이다. 사회주의는 노동의 협력

---

36) 레위기 25:8-34.

을 통하여 공동선을 이루자는 이상을 가졌지만 노동에 대한 청지기적 책임성을 무시하는 국가 주도의 계획 경제로 인해 그 이상이 무너졌다.

(5) 경제적 불평등

사회주의 경제 원리로 물질적 불평등을 제거할 수 있는가? 사회주의자들은 자본주의 안에서 발생하는 물질의 불평등을 도덕적으로 비판했다. 사회주의 강령의 목표는 물질적 평등을 실현하는 데 두고 있다. 그래서 사회주의자들은 물질적 평등을 실현하기 위해 절대적 빈곤은 뿌리뽑아야 한다고 주장해 왔다. 그들은 많은 자원을 가진 사람들이 자기 이웃의 상황에 무관심하면서까지 그 자원의 생산물을 소비할 권리를 갖는 것을 부정했다. 물질 자원에 대한 청지기직은 그러한 자원의 생산물을 전부 소비할 권리를 포함하고 있지 않으며, 오히려 부자들은 자활할 수 없는 가난한 계급의 사람들을 도와 줄 의무를 가지고 있다고 보았다. 이것은 기독교의 물질에 대한 사회 책임성을 반영한 것으로 볼 수 있다. 그러면 사회주의가 이러한 경제적 평등의 이상이 실현되었는가? 그리고 경제적 불평등을 없애기 위한 사회주의의 경제원리는 실현되었는가? 아니면 오히려 국가 내에서 불평등을 심화시켰는가? 경제적 평등 이상을 실현시키기 위한 사회주의 강령의 중요한 비판들을 살펴보도록 하자.

첫째, 사회주의 경제 강령은 재산 소득의 감축 또는 폐지를 주장한다. 그 이유는 경제적 평등을 위해서이다. 생산 수단을 통한 소득은 노동자들에게 평등한 임금으로 지불되고, 남은 잉여는 국가에 귀속되어 재투자되거나 사회 복지 프로그램에 사용한다는 것이다. 이러한 소득의 분배 계획은 국가중앙부처와 기업 차원에서 결정할 수 있다는 것이다. 여기서의 분배는 경제적 평등을 위해 개인의 재능이나 일의 결과에 따라 이루어지는 것이 아니라 계급(프롤레타리아, 사회주의 당원, 중앙부처 정치, 경제, 교육 등의 입안자들 계급)에 따라 균등히 이루어진다고 한다. 그러나 사회주의는 평등 사회가 아니라 계급 사회이다. 사유 재산 소유나 부의 축적을 계급을 통해 통제한 것이다. 또 사회주의 경제 체제하에서 소득이 모든 계급의 사람들에게 평등하게 분배된 것도 아니다. 계급 사회의 체제 속에서 자본의 평등한 분배는 실현될 수 없다. 오히려 자본주의처럼 국가나 개인이 정당한 경쟁을 통하여 얻은 수익에 정당한 세금을 부과하여(물론 자본주의 체제하에서도 거짓 보고로 탈세, 정경유착으로 인한 세금인하 등의 부작용이 있긴 하지만) 국가 자본으로 귀속시키고 경제적 불평등으로 인하여 소외된 자들에게 사회복지법안을 적용시켜야 할 것이다. 결국 그들이 주장한 사적인 재산 소득의 폐지나 감축으로 인한 이상 실현은 정당한 경제적 평등의 원리가 되지 못했다고 말할 수 있다.

둘째, 사회주의는 기회의 평등과 소유의 평등을 주장한다. 인간 개인이 자신의 능력을 개발할 수 있도록 기회를 균등히 주는 것은 모든 사회에게 바람직한 도덕적 이상이다. 사회주의는 계급이나 가문의 배경, 재산 등이 한 개인의 교육이나 일의 책임을 결정하는 요인이 되어서는 안 된다고 한다. 그래서 사교육을 금지하고 공교육을 주장한다. 그렇다면 사회주의 국가가 사람들을 책임 있는 지위에 임명하는 일은 무엇을 통해 해결할 것인가? 그것은 공개 경쟁을 통해 이루어진다. 그렇다면 공개 경쟁을 통해 능력이 우수한 지원자들을 우선적으로 임명하는 것은 평등의 원리에서 빗나간 '공개적 차별'이 될 가능성이 있다. 만일 능력 있는 우수한 인재들을 임명하고도 물질을 평등하게 분배한다면 누가 그 일을 감당하려고 하겠는가? 평등이라는 틀 내에서도 재능의 차이에 따라 보수의 차이가 달라진다는 점을 인식하지 못한 것이다. 결국 사회주의에서 사람의 재능이나 사회계급에 따라 기회와 소유의 평등이 실현될 수 없다. 사회주의는 결국 계급 이익을 옹호하기 위한 특별 엘리트 사회 집단을 만들어 내게 되었다. 자본주의 사회보다 더욱 엄격한 계급 사회를 만들어 내게 된 것이다.

셋째, 사회주의는 의료, 교육, 법률 상담, 주택, 공공운송, 오락 등을 위한 사회적 소비는 필요에 따라 무료로 제공한다는 점을 주장했다. 이러한 이상은 최소한의 편의를 취하는 기회를 국민(사회의 구성원)들에게 균등히 제공한다는 것인데, 국가에 귀속된 잉여 자본을 이렇게 국민을 위해 사용하려는 그 기초 원리는 아주 이상적이다. 이것은 가난한 자들과 약한 자들을 위한 율법의 규정들과 일맥상통하는 점이 있다. 그러나 국민의 복지를 위한 자원은 기업의 잉여(사회주의 국가처럼)나 소득과 이윤에 대한 과세(자본주의 국가처럼)를 통해 다양한 방법으로 확보되어야 할 것이다. 그리고 공동체 사회에서 인간이 가진 사회적 책임을 강조하여 스스로 돕도록 하는 일을 해야 할 것이다. 소수의 부정직한 자본 독점을 염려하여 다수의 필요를 국가의 자본 잉여에만 의존한다는 것은 지혜롭지 못한 판단이다. 사회는 도움을 받으려고 하는 자들도 있지만 남을 도우려고 하는 자들도 많다는 것을 알아야 한다. 하나의 제도적 장치를 통해 국민 복지를 충당한다는 것은 다수의 사회적 봉사 기회를 무시하는 처사일 수 있다.

사회주의 경제적 평등 원칙을 성경의 관점에서 비평할 때 경제적 평등 개념은 존재하지 않는다. 하나님은 인간의 재능에 따라 자원과 재산을 맡기셨다. 그리고 개인의 노력에 따라 바르게 그 자원과 재산을 활용하도록 하셨다. 달란트의 비유가 그것을 말해준다. 율법의 최고 강령인 하나님 사랑과 이웃 사랑의 실천은 마음과 물질뿐만 아니라 여러 가지 헌신을 통해 이루어져야 한다. 이것이 자원과 물질에 대한 개인의 청지기 정신이다. 성경은 인간의 생존과 존엄성을 유지하기 위한 의식주 문제는 하나님께서 허락하신다는 것을 밝히고 있다. 하나님은 아담과 하와에게 음식과 옷을 주셨고, 광야에 이스라엘 백성들에게 먹을 것과 마실 것을 공급하셨다. 그리고 예수님은 산상설교에서 의식주의 문제에 대하여 염려하지 말 것을 가르치셨다. 또한 이러한 필요들을 가족과 사회를 통해 제공받도록 말씀하셨다. 특별히 언약 공동체 내에서 하나님께서 부유한 사람들에게 가난한 사람들을 도와줄 것을 명령하셨다. 그러면서 물질에 대한 인간의 지나친 이기심을 비난하셨다. 어리석은 부자에 대한 책망(눅 12:13-21), 나사로 이야기에 나오는 부자 이야기(눅 16:19-31), 성도들의 쓸 것을 공급할 것과 이웃 사랑의 실천(롬 12:13)에 대한 바울의 가르침이 이를 말하고 있다. 오히려 경제적 불평등이 발생할 때 국가가 개인에게 고용의 기회를 제공하고 그들에게 사회 복지 혜택을 누릴 수 있는 제도를 마련해 주어야 한다. 이것이 경제적 평등 사회로 가는 대안일 것이다.

3) 사회주의 경제 이론에 대한 종합적인 평가

(1) 공동 소유에 대한 국민 의식
공동 소유 이론에 대한 국민 의식은 어떻게 나타났는가? 공산주의 종주국이었던 구 소련의 몰락과 함께 사회주의 경제 이론도 몰락했다. 국가가 몰락했다는 것은 거대한 통치 국가의 경계가 몰락했다는 것이다. 소련의 몰락은 공산주의 이론을 추종했던 모든 국가들에게 비극이었다. 공산주의 국가의 국민들은 모든 자원을 공동 소유하고 공동 생산하고 공동 분배하여 유토피아적 국가를 이루려는 환상에 젖어 있었다. 그러나 그 결과는 비참하게 무너진 것이다. 물론 공산주의의 몰락에 대한 이유를 여러 가지로 들 수 있다. 그러나 기독교의 관점에서 평가할 때 가장 근본적인 몰락의 이유는 유물론 사상 때문이다. 공산주의는 물질을 사랑하고 모든 만물의 주인이신 하나님을 버렸다. 이만기 교수 역시 이 사실을 지적했다. "공산주의가 몰락한 가장 중요한 이유는 물질을 사랑하고 하나님(기독교)을 배척한 데 있다."[37] 사실 공산주의는 만물의 창조주이신 하나님과 그의 형상대로 지음을 받은 인간 영혼의 유일성을 배척하고 유물론적 변증법을 역사 발전의 기초로 삼은 마르크스(K. Marx)의 이론을 신봉했다.

기독교의 관점에서 볼 때 아무리 훌륭한 경제와 정치와 역사 이론이라 할지라도 하나님을 부인하고 인간의 영혼보다 물질에 가치를 두는 것은 거짓 사상이고 거짓 이론이라고 말할 수 있다. 이만기 교수는 "마르크스의 역사관과 경제 사상은 모두가 정통을 벗어난 이단이다"[38]라고 했다. 왜냐하면 마르크스의 경제 이론은 경제 주체 가운데 가장 중요한 기업가의 역할을 삭제하고 노동자의 역할만 강조했기 때문이다. 기업가의 역할을 강조하는 기업 정신과 전문 경영인이 없는 공산

---

37) 이만기, 「기독교와 경제 윤리」 (일신사, 1992), p. 344.
38) Ibid., p. 344.

주의 경제 활동은 생산성이 떨어져서 결국 파탄에 이르고 만 것이다. 지금 러시아와 동유럽 국가들과 구 소련에서 독립된 중앙아시아 여러 국가들은 개인 기업가와 개인 경영인을 필요로 하고 있다. 또한 모든 생산 활동은 시장 경제를 중심으로 발전해야 한다는 자본주의 경제 체제를 도입하여 경제 발전을 시도하고 있다. 그러나 공동 소유를 주장한 사회주의 경제 이론에 영향을 받은 국민들에게서는 가정 경제를 발전시킬 능력도 없고, 사회 정의나 경제 윤리 의식도 찾을 수 없다. 자본주의 경제 원리에 따라 발전하는 나라들도 있지만 국민들의 의식은 제로(zero) 상태에 있다. 그들은 개인의 권리라는 것이 무엇이며, 다른 사람의 재산을 존중하는 것이 무엇인지 모르고 있다. 학교의 것이든, 공공기관의 것이든, 이웃의 것이든 자기가 가지고 싶으면 다 가져가고 훔치고 싶으면 훔쳐간다. 모든 것을 국가에 예속된 것으로 생각하기 때문이다. 개인의 소유권을 인정하는 경제 원리와 이에 따른 윤리 의식이 사라진 것이다. 이들은 자본주의의 특징인 사유 재산권을 인정하지 못하고 있다.

성경은 국가 소유의 것이든 개인의 것이든 남의 것을 도적질하지 말 것을 가르치고 있다. 이 율법의 가르침은 노동의 대가 없이 얻으려고 하는 것은 불법이라는 것과 타인의 사유 재산권은 인정되어야 한다는 것을 동시에 가르치고 있다. 그러나 개인의 자본이 없는 노동자 계급의 사람들은 스스로의 경제를 발전시킬 능력이 없다. 살기 위해서 훔쳐야 하고 먹기 위해서 도적질하는 것이다. 먼저 그러한 국민들에게 땀 흘려 일해야 한다는 것을 가르쳐야 한다. 자신의 생명과 가정과 재산을 소중히 여긴다면 다른 사람의 생명과 가정과 재산도 소중하다는 것을 가르쳐야 한다. 만물의 주인이 하나님이시며 그 하나님이 지금도 다스리고 계신다는 사실을 전해야 한다. 여기에 우리 그리스도인들의 사회적 책임이 있다. 특별히 자본주의 경제 제도하에서 경제적 번영을 누리고 있는 우리들이 그들의 어려운 경제 생활을 도울 수 있도록 최대한의 관심과 그리스도의 사랑을 전해 주어야 할 것이다. 우리가 다른 사람들의 도움을 받았다면 우리 또한 그들을 그리스도의 사랑으로 도울 수 있어야 한다. 세상은 우리의 적이 아니라 우리의 이웃이다. 우리의 적은 영적인 타락과 죽음으로 이끌고 가려고 늘 유혹해 오는 사단이다. 그들이 하나님을 만날 수 있도록 복음을 전하는 일에 앞장서야 할 것이다.

(2) 국가 주도의 경제 활동과 공동선의 실현

개인의 경제 활동을 통제하면서 공동선을 실현하는 것이 가능한가? 사회주의는 국가가 개인의 모든 경제 활동을 통제해야 한다고 주장했다. 국가가 생산이나 개인의 소유를 통제할 수는 있을 것이다. 그러나 개인의 경제 소비, 개인의 기술과 재능을 이용한 활동 그리고 여가 선용은 국가가 어떻게 통제할 수 있는가? 이러한 것은 개인의 결정에 따라 하는 것이지, 국가가 주도할 수 없는 것이다. 국가가 노동자들의 자율권을 전적으로 통제한다는 것은 불가능하다. 일하고 놀고 먹고 사고 팔고 쉬고 하는 일은 개인이 결정할 문제이다. 그러나 사회주의는 공동선을 실현시킨다는 목적으로 공동 소유와 공동 분배를 경제 활동의 이상으로 선택했다. 이러한 이상은 개인의 경제적 능력과 재능을 무시하고 노동자들을 단지 노동의 수단으로만 취급한 것이다. 사회주의는 인간에게 주어진 개인의 노동 능력과 자율권을 통제했고, 노동에 대한 청지기적 책임을 무시했다. 결국 사회주의 이상은 경제적인 몰락을 초래했다. 공동선의 실현은 무너지고 경제 정의와 공동선의 기초가 되어야 할 윤리 의식이 사라져 버렸다. 돈을 벌기 위해서 몸도 팔고, 도적질도 하고, 뇌물을 요구하게 되었다.

그렇다면 인간에게 경제 활동의 자유는 인정하는 자본주의 사회는 공동선을 이루고 있는가? 결코 그렇지 않다. 자본주의 사회는 경제 활동의 자유는 허락해야 하지만 국민들이 경제 활동에 있어 자유 방임자들이 되지 않도록 적절한 윤리적 통제를 가해야 한다. 자본주의 사회는 국민들의 사유 재산의 소유와 소비를 당연한 권리로 받아들이면서도, 과도한 소유와 소비의 욕망에 대하여 근면, 검소, 절약의 정신과 물질적 부를 이웃들과 함께 나누는 도덕적 책임성을 가르쳐야 한다. 재물에 대한 사유권이 보장되어 있다하더라도 그것이 개인의 것이 아니고 하나님의 것이며, 인간은 모든 것을 다 소유할 수 없는 유한한 존재임을 깨우쳐 주어야 한다. 이것이 기독교가 사회에 대하여 해야 할 사명이다.

(3) 소유와 분배 평등의 실현

소유와 분배 평등의 실현은 가능한가? 사회주의는 물질의 소유나 분배의 평등을 주장했다. 자본주의 경제 체제 하에서 발생하는 개인의 경제적(소유와 분배) 불균형을 없애고 경제적 평등을 실현시키고자 했던 동기는 이상적이라 할 수 있다. 사실 자본주의 사회에서는 빈부의 격차와 경제적 불균형이 커져 간다. 자본을 통하여 자본을 축적할 수 있기 때문에 가진 자들은 더 가지게 되고 갖지 못한 자들은 자본이 필요한 일정한 꿈(내 집 마련, 개인 사업 확대, 자녀들의 학비, 여가 생활 등등)조차도 이루기 어려운 실정이다. 국가의 경제가 발전하면 경제적 가치는 상승할지 모르나 개인의 경제 활동에는 많은 고난이 따를 수 있다. 왜냐하면 임금 상승은 더딘 반면 물가 상승은 빠르고, 수입은 적은 반면 지출은 많기 때문이다. 어느 사회이든 소유와 분배의 평등을 실현시킨다는 것은 불가능하다. 이것은 모든 사람이 바라는 하나의 이상일 뿐 현실적으로 불가능하다.

기독교적 관점에서도 소유와 분배에 있어서의 경제적 평등은 불가능한 것으로 평가할 수 있다. 창조 이후로 어느 사회이든 경제적으로 부한 자들과 가난한 자들이 함께 존재한다는 것을 성경은 말하고 있다. 이스라엘 민족의 족장들인 아브라함, 이삭, 야곱은 그 당시에 하나님의 축복을 받아 그 땅에서 거부로 살았다. 그럼에도 그들의 가정에는 자기 소유가 없는 종들이 있었다. 경제적 평등이 실현되지 못했던 것이다. 이러한 현상은 오늘날도 마찬가지이다. 그렇다고 그리스도인이 경제적 불균형을 방치해 두어야 한다는 것은 아니다. 어느 사회이든 경제적 불균형을 최소화하고 가난한 이웃을 배려하고 돕는 사회적 책임이 있음을 알아야 한다. 구약 성경에는 자기 소유가 없는 자들과 경제적으로 가난한 자들, 고아와 과부들을 배려하는 하나님의 사회적 관심이 너무나 세심하게 나타나 있다. 모든 하나님의 자녀들은 하나님께서 그리스도인이 그 사회에서 무엇을 실천하도록 하시는가를 성경을 통해 배울 수 있어야 한다. 하나님께서 경제적으로 가난한자, 병든 자, 과부, 고아들, 사회에서 소외된 계층의 사람들에게 세밀한 관심을 보이나 그의 자녀들이 이 세상에서 그와 같은 일을 실천하도록 보이신 모범임을 결코 잊어서는 안 된다.

5 기독교와 자본주의

- 자본주의란 무엇인가
- 자본주의의 발생
- 칼빈의 경제 사상과 자본주의 정신
- 자본주의에 대한 성경적 비평
- 자본주의와 경쟁
- 이자에 관한 성경적 평가

5장 기독교와 자본주의

　일반적으로 자본주의(資本主義)란 중세 봉건주의가 붕괴된 이후 서방 세계에서 지배적으로 받아들여진 하나의 경제 제도(經濟制度)를 지칭하는 말이다. 이 경제 제도는 생산의 물질적 수단, 즉 자본을 개인적으로 소유하고 있는 사람들과 또는 자본 없이 고용되어 개인의 노동력으로 살아가는 노동자들 사이에 분리될 수 없는 깊은 관계를 가지고 형성되어 왔다. 달리 표현하자면, 자본주의는 모든 재산을 사유할 수 있는 권리를 포함한 개개인의 권리를 존중하면서 조직된 하나의 사회 경제 제도라고 말할 수 있다.
　경제나 기업 활동이 인간의 경제적 환경에 의해서 형성이 되었기 때문에 어떠한 경제 체제가 인간의 경제 생활에 올바르고 유익한 방향을 제시할 수 있는가를 이해하는 것은 중요하다. 이 글에서 필자는 어떠한 경제 체제가 더 기독교적인가를 설명하려는 것이 아니다. 필자는 기독교의 성경적 원리와 교훈을 통해 사회주의와 자본주의 경제 체제가 주장하고 있는 원리들을 검토하여 두 경제 체제가 가지고 장점과 단점들을 기독교 윤리적 관점에서 비교하고, 또 그에 대해서 그리고 보완해야 할 점들은 무엇인가를 평가해 보고자 한다.
　우리는 또한 성경 역시 자본주의가 기독교적인지 혹은 사회주의가 기독교적인지를 설명하게 위해 쓰여진 책이 아니며, 어느 특정 경제 체제를 지원하기 위해 쓰여지지 않았음을 이해해야 한다. 그럼에도 성경은 인간의 경제 생활에 대한 모든 체제를 판단하고 평가할 수 있는 원리와 기준을 제공하고 있으며, 그러한 원리와 기준에 따라 특정한 사회 체제가 인류를 향하신 하나님의 목적에 얼마나 기여할 수 있는지를 평가할 수 있는 아이디어를 제공해 주고 있다. 이 세상에 사는 그리스도인 역시 여러 경제 체제의 장단점들을 이해하고 평가할 수 있어야 한다. 그리고 모든 경제 체제들은 긍정적인 면과 부정적인 면을 동시에 가지고 있음도 알아야 한다. 또한 경제 활동을 통해 하나님께서 각자에게 주신 재능을 자신과 사회를 위해 잘 개발하며, 동시에 성경이 경제 정의의 실현과 사회 경제 활동이 사회적 불안을 조성하고 죄악을 행하는 도구로 사용되지 않도록 하기 위한 윤리적 교훈을 주고 있다는 점도 발견해야 한다.

    필자는 앞의 1장에서 산업 사회 안에서 일어나는 몇 가지 문제점들을 지적했다. 세상은 경제 발전으로 인하여 과거보다 살기에 좋아졌다. 그러나 경제 발전에 따라 일어나는 많은 문제점들로 인하여 인류가 생존에 위협을 받고 있는 문제들도 없지 않다. 빈부의 격차, 사회적 불안 그리고 환경 오염 등을 줄이거나 해소하는 관점에서 경제 발전을 지속시켜야 할 것이다. 2장에서는 기독교인들이 경제학을 이해하는 것이 왜 필요한가 하는 점을 지적했고 기독교 경제 윤리학이 해야 할 일이 무엇인가를 다루었다. 3장에서 기독교 경제 윤리의 성경적 원리들을 설명했다. 창조와 타락과 노동의 원리 위에서 경제적인 문제를 지적했고, 그리고 기독교인의 모든 신앙과 생활에 절대적 규범인 십계명과 그 밖의 다른 율법을 통해 원리들을 제시했다. 4장에서는 사회주의 경제 이론에 대해 기독교 윤리적인 관점에서 장점과 단점을 평가했다. 그리고 이제 5장에서는 자본주의 정신이 어떠한 상황과 사상을 통해서 발전되고 체계화 되었는가를 지적하면서, 기독교 성경의 관점에서 자본주의가 어떤 장점들과 단점들을 지니고 있는가를 평가해 보려고 한다. 그리고 자본주의 경제 체제하에서 피할 수 없는 경쟁 문제를 긍정적인 면과 부정적인 면을 예를 들어 설명하고 경쟁에 대한 그리스도인의 자세에 관한 방향을 제시할 것이다. 또 대부와 이자에 관하여 구약 성경은 어떻게 가르치고 있는가를 검토해 보고 이를 성경적 입장에서 평가할 것이다. 이 글에는 특별히 개혁주의 신학의 기초를 세운 존 칼빈(John Calvin)의 경제 윤리관을 설명하면서, 칼빈과 청교도들로부터 자본주의 정신이 발생했다는 막스 베버(Max Weber)의 사상에 대해 몇 가지 성경적 그리고 역사적 방향을 제시하면서 비평하려고 한다. 이 부분은 개혁주의 사상을 따르는 모든 자들이 분명히 이해해야 할 중요한 견해이다.

1) 자본주의란 무엇인가?

한글 사전에는 자본주의를 '생산 수단을 가진 자본가 계급이 노동자 계급으로부터 노동력을 사서 생산 활동을 함으로써 이익을 추구해 나가는 경제 구조' 또는 '사회 구조'라고 말하고 있다. 앞에서 언급한 것처럼 자본주의(capitalism)란 경제 이론을 구성하고 있는 하나의 제도이다. 이 제도는 정치나 사회 문화적인 제도와 마찬가지로 인간의 전 생활 영역에 직접적인 영향력을 미치고 있다. 그러므로 경제 이론에 대한 학문적 사상으로서 자본주의를 평가해 본다.

① 모든 재산은 개인이 사유할 수 있는 사유 재산의 합법성을 정당화하고 있다. 재산의 소유자는 그가 원하는 것이라면 그의 재산을 증식시키고, 사용하고, 처분할 수 있는 권리를 가지고 있고 그가 소유하고 있는 자원(인적 그리고 물적 재산)을 사용함으로 발생하는 이익을 취할 수 있는 권리도 가지고 있다.

② 생산품에 대한 가격 조정은 실제로 상품을 생산하고 있는(즉, 무엇을 생산하며, 얼마나 생산하며 그리고 어떤 방법을 통해 생산하는) 사람들에 의하여 정해져야 한다는 것이다. 시장에서 경쟁은 생산성을 높이는 데 효력을 발휘하며 소비자들에게 최소한의 가격을 제공해 준다. 또한 가격은 토지와 노동 그리고 자본의 정당한 분배를 결정하도록 돕고 그리고 대부분의 생산자들이 최저의 비용으로 자원을 잘 사용하고 매매하는 것을 결정하도록 도와준다. 그러므로 자본주의는 시장의 기능을 강조한다.

③ 자본주의의 경제 조직은 시장 판매를 위한 상품의 생산에 있어 토지와 노동 그리고 자본이라는 자원을 모두 사용하도록 하며 상품의 생산은 개인의 창조성에 의존한다. 왜냐하면 경제 발전을 위한 기회를 인식할 수 있는 능력도 개인에게 있고 개인의 이익을 위해 기회를 개발하는 것도 개인의 능력에 달려있기 때문이다. 그러므로 국민 모두에게 주어지는 경제적 개발과 유익은 사회의 경제적 진보의 결과라고 본다.

④ 경제 조직의 목적은 자본을 투자한 사람에게 가능한 높은 이윤을 되돌려 주기 위한 것이다. 즉 기업과 회사는 최소한의 이익을 취하

고 자본 투자가들에게는 높은 이익을 준다는 것이다. 개인이나 기업이 가지고 있는 토지와 노동 그리고 자본은 이러한 목적을 위해 사용된다. 더욱이 자본주의는 국가가 개인의 경제 활동에 대해 간섭하지말 것을 요구하고 있다. 개인에 대해 강조점을 두고 있는 것은 가능한 관료주의적 경제 체제를 축소화하려는 데 있다고 볼 수 있고 그리고 정부의 어떠한 간섭 없이 자신의 생각과 독적을 실행하도록 개인에 많은 자유를 주자는 것이다. 그러므로 자본주의는 개인적인 경제 발전을 최고로 생각하며 개인의 분업적 생산을 강조한다.

물론 개인에 대한 지나친 강조는 경제 활동에 있어 가족이나 공동체 생활을 결과적으로 무시하는 풍조를 일으킬 수 있다. 결과적으로 자본주의는 전통적인 공동체 생활을 형성하는 데 방해 요인으로 작용하게 되고 개인을 지나치게 강조하는 나머지 사회와 이웃에 대한 도의적 책임성에 무관심하게 되는 부작용을 불러일으킬 수도 있다.

2) 자본주의의 발생(The Rise of Capitalism)

근원적으로 자본주의 정신의 발흥은 중세 봉건주의 사회 구조와 경제 구조에 모순점이 드러나면서부터 시작되었다. 봉건주의 경제 구조는 오늘날과 같은 경제 제도의 이론(theory)에 근거한 것이 아니라 귀족들이나 종교 혹은 정치 권력을 쥐고 있는 자들에 의해 형성되고 지배되어 왔다. 이러한 경제 구조는 귀족 또는 영주들과 농노들 사이에 커다란 경제적 불균형을 가져오게 했다. 이러한 구조적 모순점을 시정하기 위해 중세 서방 유럽의 경제는 자율적이고 지역적인 경제 단위로 발전하려고 노력했다. 그래서 농촌 지역에서는 지방 도시들의 필요에 의해 소규모의 잉여 농산물을 생산하기 시작했다. 이러한 잉여 생산물은 농촌 지역이 당하던 경제적 곤란을 극복하도록 하는 힘이 되었다. 농촌보다는 도시에서 수공업과 가정 산업이 번성하기 시작했고 수공업자들은 상인 조합(guilds)을 조직하기도 했다. 상인 조합은 한편으로는 소수에 의해 독점 판매(monopolies)로 시장을 장악하려는 상인들의 움직임을 막아 주는 역할을 했고 다른 한편으로는 노동자들의 임금, 노동 시간, 그리고 생활 복지에 관한 문제점들을 해결하는 데 영향력을 발휘하기도 했다.

중세기의 교회는 구약 성경의 가르침을 따라 소규모의 가정 산업이나 수공업자들에게 큰 영향력을 미칠 수 있는 이자 놀이(interests)에 대한 금지(prohibition)를 주장하고 나섰다. 이러한 여파로 재산(property)을 매매하는 일이 중지되고 오히려 재산을 임대하는 일은 성행했다. 이러한 중세 교회의 가르침은 어떤 의미에서 부동산 투기를 금지시키는 일로 작용하기도 했다. 또한 중세 교회는 상거래에 있어서 정당한 가격(just price)을 권장했다. 중세 교회가 주장한 정당한 가격은 상품들이 시장 상인들의 주도하에 가격이 마음대로 결정되어 판매되는 것이 아닌 상품의 질과 가치에 따라 정당하고 알맞은 이윤을 부과하여 판매되는 정당한 상거래를 의미한다. 상거래와 소규모의 산업이 발전함에 따라 국가의 정치 권력도 지방으로 분산되면서 그 지역 도시 안에 시장을 점유한 상거래자들의 독점이나 노동자의 임금 착취를 미연에 방지해 주는 역할도 했다.

그러나 남아 있는 문제점은 봉건 사회에서 토지와 재산을 소유한 사람들과 소유하지 못한 사람들 사이에 경제적 불균형이 사회 내에

여전히 존속하고 있다는 것이다. 농촌 지역에서는 기본적인 생산물들을 수공업과 가내 공업을 주도하는 도시에 공급하고 이로 인하여 도시의 수공업과 가내 공업은 번성하기 시작하여 지역적 발전을 가져왔다. 이러한 상거래를 위한 물물 혹은 화폐 단위의 교환이 이루어지면서 자본을 필요로 하는 자본주의의 틀이 형성되기 시작했다. 이러한 자본주의 성장에 기인한 몇 가지 요인들을 정리해 보기로 하자.

(1) 개인주의(Individualism)

현대 개인주의의 발생 시점은 프랑스의 철학자 데카르트(Descartes, 1596-1650) 당시로 본다. 새로운 개인주의 시대를 연 그의 유명한 말 중에 하나가 "나는 생각한다 고로 나는 존재한다(I think therefore I am)"는 말이다. 이 말은 나 자신이라는 존재를 통해서만 나라고 하는 인간의 주체성을 정당화 할 수 있다는 말이다. 이것은 데카르트(Descartes) 철학의 근본 의미를 표현한 것이다. 데카르트(Descartes)의 철학의 출발점은 자기 회의에서부터 시작된다. 그의 회의는 불확실한 의견에 대한 불신임이며 또 그 자신에 대한 새로운 자각이다. 그에게 회의는 곧 자아 의식이다. 인간의 정신적인 것은 사고하는 자아이며 이 같은 자아야말로 참 존재라고 했다. 그러므로 인간의 모든 활동 가운데는 사고하는 존재로서의 자기 의식을 가지고 있다는 것이다.

이와 같은 근대 이성주의의 자기 중심적 자아 의식 사상이 개인주의로 발전했고, 이러한 개인주의 사상이 종교 지도자들에게도 영향을 준 것으로 볼 수 있다. 문예혁명(Renaissance)과 종교개혁(Reformation) 이후 개혁자들의 사상에서도 인간 개인의 가치와 존엄성이 강조되었다. 특별히 종교개혁자들은 개인의 구원 문제와 하나님께 대한 개인 관계의 중요성을 더욱 강조했다. 개인의 구원과 자유 그리고 권리를 강조함으로 소수의 국가 권력자들이나 종교 지도자들에 의해 정치나 경제력이 독점화 되는 것을 막을 수 있었다. 이러한 개인주의를 바탕으로 하는 경제는 경쟁적인 체제로 발전하기 시작했다. 경제에 있어서 개인주의는 재산이나 부를 축적하고 분배하는 일을 개인이 결정하도록 하는 적절한 방법이 되었고 개인의 정책에 따라 생산과 소비가 조정되고 시장 구조가 통제되는 결과를 가져왔다.

(2) 정치적 상황 변화(Changing Political Condition)

고대와 중세의 정치는 오늘날처럼 모든 국민들에 의해 형성되고 발전하는 민주정치가 아니라 소수의 귀족과 권력에 의해 다스려지는 정치였다. 이러한 정치를 바탕으로 중앙 집권화와 대규모의 군사 조직이 형성되면서 국민 생활의 안정과 보호를 생각하게 되었다. 이러한 정치 및 군대의 변화는 상거래와 무역을 장려하게 되었고 상인이나 사업가들에게 새로운 경제 활동을 제공해 준 것이 되었다. 왜냐하면 군대는 무기의 생산을 필요로 하게 되었고 무기 생산은 기술자들과 노동자들을 필요로 했다. 이러한 생산과 노동력을 통해 지역의 경제력과 국가의 경제력을 높이게 되었다. 생산과 무역의 확장은 이미 그 당시 존재하고 있었던 정치와 사회 제도를 조정하는 일에는 큰 영향력을 발휘하지 못했다. 그러나 정치의 변화에 따라 개인은 그가 원하는 것은 무엇이나 할 수 있는 자유가 보장되었다. 그리고 생산과 무역은 자본이 있는 도시를 중심으로 이루어졌다. 그래서 자본이 집중되어 있는 도시들이 경제적으로 빠른 성장을 가져왔다.

(3) 기술의 변화(Changing Technology)

기술의 변화는 노동과 생산에 큰 변화를 가져다 주었다. 기술의 변화로 대량 생산의 단위가 구성되었고 대량 생산이 가능해지게 되었다. 예를 들면 산업혁명 이전에는 사람의 손과 발을 통한 노동력에 의존했기 때문에 대량 생산이 불가능했다. 그러나 산업혁명 이후 기술의 발달과 기계의 발명으로 사람이 할 수 있는 일을 기계가 대신함으로 대량 생산이 가능해진 것이다. 유리나 철(glass and steel) 그리고 조선업(shipbuilding)이나 자동차(cars) 생산 기술은 생산 단위의 확장을 요구하게 되었다. 이러한 대량 생산은 개인의 능력보다는 많은 자본을 필요로 하고 생산과 소비의 관계에서 자본의 유통을 가속화시켰다.

3) 칼빈(Calvin)의 경제 사상과 자본주의 정신

경제 사상(經濟思想)이란 대단히 포괄적이고 보편적인 용어이다. 이 사상 속에는 넓게는 경제 이론과 두 대립적인 경제 제도, 즉 자본주의와 사회주의가 포함될 수 있고, 세부적으로는 경제와 관련된 즉 재산의 소유와 사용 문제, 돈에 관한 문제, 이자에 관한 문제, 노동과 임금에 관한 문제, 소비와 생산에 관한 문제 등이 포함될 수 있다. 여기에서 말하고자 하는 주제는 다음 두 가지이다. 첫째는 신학자요 목회자로서 칼빈이 그 당시 사회 경제의 문제를 어떻게 이해했고 또 그리스도인들이 그 문제에 대해 어떤 자세로 대처하도록 가르치고 있는가 하는 점과, 둘째는 막스 베버(M. Weber)가 그의 저서 『개신교 윤리와 자본주의 정신』(The Protestant Ethic and the Spirit of Capitalism)에서 자본주의 정신의 발생이 마틴 루터(M. Luther)와 존 칼빈(J. Calvin)과 청교도들(Puritans)의 윤리 사상에서부터 비롯되었다고 하는 점에 대하여 칼빈의 사상적 입장이 무엇인가 하는 점을 밝히며 평가해 보려는 것이다.

엄격한 의미에서 칼빈은 경제학자나 사회 이론가가 아니었으며, 어느 특별한 사회 제도나 경제 제도를 옹호한 자가 아니었다.[39] 그럼에도 칼빈은 신학 사상에서뿐만 아니라 그의 주석이나 설교에서 그리스도인의 사회 경제 생활에 대한 그의 입장을 분명히 밝히고 있다. 그는 『기독교강요』 제2권 8장 45, 46번에서 8계명과 10계명을 논평(comment)하면서 경제와 관련된 이야기를 하고 있으며, 제3권 6장-10장에서도 전반적인 그리스도인의 사회 생활 문제를 이야기하고 있다. 이러한 칼빈의 사회 경제적 문제를 종합해 보면, 특별히 재산의 소유와 사용, 노동, 돈과 이자에 대한 문제 등에 관해 깊은 관심을 가지고 있음을 발견하게 된다. 칼빈이 경제 문제에 관심을 두게 된 것은 중세 봉건주의 경제 제도와 경제 사상에서 발생한 여러 가지 문제점과, 로마 교회가 종교적 권세를 앞세워 과다한 재산(토지, 가옥 및 건물)을 소유한 것, 그리고 성직자들의 치부하는 모습과 도덕적 타락을 보면서 그리스도인의 사회 경제 생활에 대한 성경적 해답을 주기 위해서였다.

칼빈 시대의 사회는 문예부흥(14C)과 종교개혁(16C)의 두 사상적

---

39) C. Gregg, Singer, *Calvin and The Social Order*, in John Calvin Contemporary Prophet (Baker, 1959), p. 227.

변화에 따라 엄청난 변화를 맞고 있었다. 이제 고대와 중세의 사상과 제도만으로는 증가되는 사회 경제 활동을 수용할 수도 또는 주도해 나갈 수도 없다는 것을 알았다. 그대로 두면 이 사회는 완전한 혼돈의 사회로 변하고 만다는 생각을 하게 된 것이다. 그러나 당장 개인과 사회를 파괴하는 세력들을 대항하여 싸울 수는 없지만, 그들의 옛 인간성 속에 새로운 인간성이 탄생된다면 사회나 경제 활동에 새로운 변화가 일어날 수 있다고 생각했다. 그래서 그리스도의 복음의 능력으로 구성된 교회가 '사회 · 정치 · 경제적 생활을 자극하고 발생시키는 누룩이 되어야 한다' 고 생각했다. 그러나 교회가 사회에 하나님의 말씀으로 새롭게 하는 생동력을 부여해 주지 못한다면 교회 자체는 사회적 무질서를 선동하는 일에 동조하는 것이 된다고 했다.[40]

칼빈은 이러한 전반적인 사회 경제 사상에 대한 문제에 성경적 근거를 제시하면서 그의 입장을 밝혔다. 특별히 칼빈은 그의 저서들을 통해 경제적 문제를 언급하면서, 인간이 직면하고 있는 모든 문제들을 그의 신학의 중심 주제인 하나님의 주권 사상하에서 설명하는 시도를 했다. 인간의 경제 행위는 사회 복지와 사회 발전을 위해서가 아니라 무엇보다도 하나님의 영광을 위해 실천되어야 한다고 보았다. 그렇다고 칼빈이 인류 공동체와 사회 복지에 대해 무관심한 것은 아니었다. 하나님의 영광을 위해 살려고 노력하는 자는 사회 복지와 인류 공동체의 유익을 함께 생각하는 자라고 생각했다.

앙드레 비엘러(Andre Bieler) 역시 칼빈이 거듭난 그리스도인의 삶은 개별적인 것이 아니라 그리스도의 몸에 연합되어 있는 것이기 때

---

[40] Andre Bieler, *The Social Humanism of Calvin* (성광문화사), pp. 42, 43.

문에 교회 공동체를 떠나서 삶을 영위하는 것은 불가능하다고 말한 점을 지적했다. 그리고 "칼빈은 하나님은 공동의 아버지이시며 그리스도가 모든 사람의 유일한 주님이심을 진실로 믿는 자들이 서로 형제 사랑으로 연합되어 상호 발전을 도모하지 않는다는 것은 있을 수 없는 일임을 주장했다"[41]고 했다. 물론 오늘날 경제학자들이 강조하는 인간의 경제적 욕망의 충족과 우리가 직면한 경제적 문제 해결을 위해 제시한 이론과 방법은 칼빈의 사상에서 찾아보기 어렵다. 칼빈은 인간이 직면하고 있는 경제적인 문제점도 근본적으로 인간의 죄와 타락의 결과로 발생한 것으로 보기 때문에 죄인된 인간은 하나님의 구속의 은혜를 떠나서는 선한 일을 수행할 수가 없다고 했다. 인간 사회나 경제의 수평적 무질서는 하나님과 인간 사이의 수직적 관계가 깨어진 데서 온 결과이기 때문에 어떤 사회나 경제 제도도 죄로부터 사회 구성원들을 구원할 수가 없으며, 인간 사회 속에서 일어나는 여러 가지 문제점에 대한 궁극적 해답을 제공해 주지 못한다는 것이다. 그는 오직 신앙과 생활의 절대적 표준인 성경만이 사회 경제적인 문제의 평가를 위한 규범을 제시해 줄 수 있다고 보았다.

싱어(G. Singer)는 이렇게 말했다. "그는(칼빈) 하나님의 계시에 비추어 사회를 평가했다. 그의 사회와 경제에 대한 이론은 인류의 경험이나 사회 과학자들의 연구 발표나 대중의 의견을 민주주의적으로 조심스럽게 모은 데서 나온 것이 아니라, 하나님의 말씀으로부터 온 것이다."[42] 칼빈은 성경을 사회 경제 이론에 대한 유일한 교과서로 간

---

41) Ibid., pp. 34, 35.
42) G. Singer, op. cit., p. 230.

주하지는 않았지만, 아무리 인간이 경험한 것이고 사회의 대다수 사람들의 뜻이라고 해도 그 이론 자체는 믿을 수 없으며 인간은 오직 모든 일에 계시된 하나님의 뜻에 따라야 한다고 주장했다. 이러한 점이 칼빈과 현대 사회 경제 이론 사이에 일치되지 못하는 점이다. 영적 지도자로서 칼빈은 복음 속의 사회 경제적인 견해에 대해 제네바에 있는 많은 사람들이 관심을 가지도록 하는 일에 노력했다. 그렇게 함으로 믿는 자와 불신자들 사이에 서로가 하나님의 은혜(구속적 은혜와 보편적 은혜) 안에 조화를 가져오게 된다는 것이다. 이를 통해 칼빈의 사회 경제적 사상은 제네바에 있는 사람들의 의식을 깨우게 할 뿐만 아니라 서방 세계의 기독교 공동체에 성경적 세계관(world view)과 생활관(life view)을 보게 하는 눈을 열도록 했다. 먼저 칼빈의 경제 사상을 간단히 살펴보기로 하자.

(1) 재산의 소유와 사용

재산과 소유에 관해 칼빈은 하나님께서는 온 우주 만물의 절대적 소유자로서 그분의 주권과 기쁘신 뜻에 따라 물질과 재산을 모든 인류의 필요를 위해 나누어 주셨다고 했다. 이것은 모든 사람은 개인이 물질이나 재산을 소유할 수 있다는 사유 재산의 합법성을 인정한다는 것이다. 인류 개인은 무엇인가 자신의 것을 소유해야 하며, 구매를 통해 재산을 취득할 수 있고, 혹은 조상들로부터 물려받은 권리에 의해서도 재산을 상속받을 수 있다는 것이다. 더욱이 사람은 개인의 육체

---

43) J. Calvin, *Commentaries on the Last Four Books of Moses*, Vol. I, trans by Charles W. Bingham (1852) p. 297.

노동이나 능력에 의해서도 재산을 증식시킬 수 있다고 했다.[43] 칼빈은 "도적질하지 말지니라"(출 20:15; 신 5:19 이후)는 8계명을 해석하면서, 이 법은 개인 사유 재산의 소유권에 대한 합법성을 지지하는 것으로 인정했다.

칼빈에 따르면 재산을 소유하되 그 재산을 비합법적으로 취하거나, 타인에게 손해를 끼치면서 모으거나, 부당한 방법으로 부를 축적하는 일은 분명히 율법의 목적에서 위배된다고 했다.[44] 결과적으로 잘못된 방법으로 다른 사람의 재산을 소유하는 것은 도적질의 행위와 같다는 것이다. 이처럼 사유 재산은 하나님의 섭리에 따라 개개인에게 주어졌기 때문에 정부는 국가의 질서가 상실되지 않기 위해 개인의 사유 재산을 보호해야 한다고 했다. 또한 재산을 소유한 자가 자신과 그의 가족을 부양하고 사회 전체에 도움을 준다면 부의 소유는 정당하다고 보았다. 물론 개인은 그가 소유한 재산으로 만족을 얻고 즐거워해야 하지만, 하나님께서 주신 것을 양심의 가책이나 거리낌없는 바른 목적을 위해서 사용해야 한다고 주장했다.[45]

모든 그리스도인은 하나님이 주신 사유 재산을 성실한 일에 써야 한다. 이웃이 곤궁한 지경에 빠져 있을 때 그들의 궁핍에 동참하여 그들의 곤궁을 덜어 주는 데 사용해야 하고, 부정하게 쓰거나 낭비해서는 안 된다.[46] 비록 재산이 개인의 소유권하에 있다 할지라도 사회 전체의 공익을 위해 사용하는 일에 관심을 가져야 한다는 것이다.[47] 이

---

44) J. Calvin, *Institutes*, Bk. II, 8:45.
45) Ibid., Bk. III, 10:1; 19:7, 8. cf. Andre Bieler, op. cit., p. 74.
46) Ibid., Bk. II, 8:46.
47) Andre Bieler, op. cit., p. 73.

것은 그리스도인이 하나님 앞에서 자기 자신과 사회 전체의 물질 생활에 대해 사회적 책임이 있다는 것을 암시해 준다. 그러기에 칼빈은 개인의 경제적 책임과 국가의 통제가 균형을 이룰 때에야 사회 경제 질서가 유지된다고 보았다. 그러므로 위의 사상을 통해 칼빈이 말하는 윤리적 교훈의 두 강조점을 볼 수 있다. 한편으로 그리스도인은 정당한 방법과 노력으로 재산을 축적하고 소유해야 하며, 다른 한편으로는 그가 가진 재산과 물질을 이웃을 돕는 일에 바르게 사용함으로 하나님께 영광을 돌려야 하는 의무를 가지고 있다는 것이다.

(2) 칼빈과 노동

오늘날 인류 사회에서 모든 사람의 주된 관심사는 일(work)이다. 왜냐하면 일은 하나님께서 모든 사람에게 주신 생활 수단이기 때문이다. 일 혹은 노동은 종교개혁자들과 청교도들의 설교에 자주 등장하는 주제가 되기도 했다. 사실 창조 이후로 인간과 노동은 서로 뗄 수 없는 관계에 놓이게 된 것이다. 하나님은 인간의 일을 통해 피조물들의 생명을 유지시키신다. 그것이 우리 인간에게 맡기신 일이다. 사실 일은 하나님께서 인간에게 허락하신 축복이다. 그리고 하나님이 창조하신 세상에서 생육하고 번성하여 땅에 충만하고, 땅을 정복하고, 땅의 모든 생물들을 다스리라(창 1:28)고 명령하신 삶의 수단이다. 칼빈은 일을 하나님의 축복과 관련시켜 이야기하고 있다. "하나님의 축복이 일하는 자의 손에 있다. 하나님은 분명히 게으른 자가 빵을 먹는 것을 저주하신다."[48] 그래서 모든 인간은 하나님이 허락하신 일을 통

---

[48] Ibid., p. 81.

해서 하나님께 순종할 수 있고, 인간다워질 수 있다는 것이다. 어떻게 보면 칼빈의 윤리는 인류를 위한 목적과 하나님의 뜻을 계시한 하나님의 말씀에 대한 순종의 윤리라고 할 수 있다. 칼빈에게 있어 하나님의 말씀은 어떤 때는 인간의 행동을 제한하기도 하고 어떤 때는 정의롭고 올바른 행동을 요구하기도 한다.[49] 칼빈이 볼 때 참된 일(노동)은 인간의 일을 간섭하시며 섭리하시는 하나님의 활동에 보조를 맞추는 것이다. 그러므로 하나님의 말씀의 원리에 적용하여 살고자 하는 자는 하나님의 뜻을 기대하며 참된 삶의 보람을 갖고 사는 것이다.

칼빈은 노동은 인간 모두에게 부여하신 하나님의 명령이라고 했다. "우리는 하나님의 손으로부터 식량을 받고 있음에도 불구하고 하나님은 노동하도록 명령하셨다. 그런데 하나님이 다시 노동을 거두어 가셨는가? 그렇다면 인간의 생명도 땅바닥에 던져진 셈이다."[50] 이처럼 칼빈의 입장에서 노동은 그리스도인의 삶에 중요한 요소이다. 바로 인간의 노동은 하나님의 사역에 동참하는 것이다. 칼빈의 이러한 관점은 노동에 영적 권위와 새로운 가치를 부여한 것으로 평가될 수 있다. 칼빈의 노동에 관한 견해에서 몇 가지 특징을 찾아볼 수 있다.

첫째, 소명으로서의 노동 혹은 직업관이다. 기독교에서 보는 소명(calling or vocation)에는 하나님의 구속받은 자녀로 부르신 특별 소명이 있다. 여기에는 그리스도인에 대한 영적 임무와 직분에 대한 부르심이 포함된다. 또한 일반적인 부르심이 있다. 이것은 일상적인 직업과 임무들로 부르시는 소명이다(참고: 고전 7:17, 20). 칼빈의 말을

---

49) Paul. Ballard, *Towards A Contemporary Theology of Work*, The Industrial Committee, Council of Churches for Wales (1982), p. 20.
50) Andre, Bieler, op. cit., p. 82.

빌리자면 하나님께서 "각각 다른 생활 방식에 따라 다른 의무"를 행하도록 부르셨다는 것이다.[51] 하나님은 이 세상에서 일을 하도록 인간을 부르셨다. 그러기에 인간은 누구나 자기의 하는 일에 부르심을 받고 있으며, 그 부르심을 따라 직업을 선택해야 한다는 확신을 가져야 한다. 자신이 하는 일에 대해 하나님이 부르셨다는 확신은 그로 하여금 그의 생애를 불안정 속에서 방황하지 않게 하시는 하나님의 축복이다.[52] 이처럼 인간이 직업에 대한 바른 소명 의식을 가질 때, 자신의 의무를 수행하는 데 있어서 바르게 행동할 수 있으며 바른 방향으로 나아갈 수 있다는 것이다. 이러한 소명 의식은 하나님의 주권에 대한 신앙적 태도이며, 자기 가능성의 개발을 촉진시키는 계기가 된다. 이 소명 의식에 따라 하나님의 영광을 위해서 하는 모든 일은 거룩한 것으로 간주되었다. 이것은 평범한 일에 그 일의 존엄성과 신성함이 더해진 것으로 볼 수 있다. 바로 이 점이 칼빈에게 있어서 노동은 거룩한 직업이요, 종교적 행위가 된다는 것이다. 인간은 어떠한 형편에 있더라도 최선을 다해 일해야 한다. 왜냐하면 일하는 것은 하나님의 명령이기 때문이다. 이처럼 직업에 대한 신적 권위와 사명 의식을 불어넣어 줌으로써 건전한 사회 건설에 공헌한 바가 있음을 알 수 있다. 그러므로 칼빈의 직업관은 신본주의 직업관이라고 할 수 있다.[53]

둘째, 봉사로서의 노동관이다. 인간은 하나님으로부터 특정한 부분적인 노동의 임무를 부여받았다. 또한 자신의 노동을 통해 다른 사람의 노동을 보충해 줄 의무를 부여받았다는 점에서 인간 상호간의

---

51) Leland. Ryken, *Work and Leisure in Christian Perspective*, (생명의말씀사), p. 160.
52) J. Calvin, *Institutes*, Bk. III. 10:6.
53) 김의환,《신학지남-칼빈의 사회관》, 제38권, 3, 4호, (총신대학교출판부, 1971), p. 81.

교제가 이루어진다. 일하는 것이야말로 하나님과 다른 사람에게 봉사하는 것이다. 칼빈은 공동체에 실제로 봉사하지도 않으면서 다른 사람들의 노동으로부터 자원을 끌어내는 자들의 잘못을 비판한다. 그는 그런 사람들을 "다른 사람들의 땀에 의지해서 살아가면서 인류에겐 조금도 도움을 주지 않는 게으름뱅이이며 아무짝에도 쓸모 없는 인간들"이라고 공격했다.[54] 칼빈은 일의 목표를 하나님께 영광 돌리는 것에 두었다. 칼빈이 말하는 것의 핵심은 인간의 몸이 자신의 것이 아니라 하나님의 것이라는 데 있다. 그러므로 사람이 일을 수행할 때 필요한 모든 재능은 자기 자신에게서 나오는 것이 아니고 하나님께로부터 나온다는 것이다. 따라서 그 재능은 하나님을 높이기 위해 사용되어야 한다. 모든 것은 하나님의 영광을 위하여 행해져야 한다. 일 역시 이와 같이 찬양과 의무의 정신으로 수행되어야 마땅하고, 동료들에게 봉사하는 것도 하나님을 섬기는 마음으로 해야 한다.[55]

셋째, 청지기적 노동관이다. 칼빈주의 사상의 초석은 모든 생활에 하나님의 주권을 인정하는 것이다. 하나님의 주권을 인정한다는 것은 하나님께서 천지 만물을 창조하시고 그것들을 다스리고 지배하고 계심을 인정한다는 것이다. 이것은 하나님께서 인간으로 하여금 하나님이 맡기신 세상을 다스리고 지키고 관리하는 청지기로 두셨다고 하는 것을 깨닫게 한다. 일을 하도록 부르신 분이 하나님이시기 때문에 일하는 사람은 하나님께 봉사하는 청지기라는 것이다. 무슨 일을 하든지 그리스도인은 그 일로 하나님께 봉사해야 한다. 모든 일은 하

---

54) Andre, Bieler. op. cit., p. 81.
55) Leland. Ryken, op. cit., p. 175.

나님이 주신 것이기 때문에 거기에는 특별한 뜻이 있다. 그러므로 이 세상에 천하고 더러운 일이란 하나도 없으며, 하나님 앞에서는 모두가 중요하고 가치 있는 일이다.[56] 이처럼 모든 사람의 직업은 하나님께서 주신 것이기 때문에 장차 심판 날에 하나님께 결산 보고를 드릴 것을 준비하는 마음 자세로 각자의 일에 임해야 한다.[57]

(3) 돈과 이자에 관한 칼빈의 견해

칼빈은 사유 재산의 소유와 권리를 인정했다. 그는 성경적 근거 위에서 "물질적인 재산은 하나님 자신의 섭리를 완성시키는 데 사용하는 도구들"이라고 가르친다. 돈은 이러한 재산을 대표하는 것이고 인간 생존에 필요한 것을 공급해 주는 데 사용되는 수단이다.[58] 하나님이 주신 물질적 재산의 가치를 수치로 인정하는 수단이 돈이란 것이다. 그렇다면 재산이나 부와 마찬가지로 돈은 하나님의 자녀들을 생존케 하는 하나님의 은총의 표시이다. 모든 소유물은 하나님으로부터 왔다는 것을 인정하는 자에게 돈은 하나님의 은총의 표시가 되지만, 그것을 인정하지 않고 사용하는 자는 그를 악한 시험에 빠뜨리게 하는 위험한 수단이 된다는 것이다. 또 어떤 면에서 돈은 하나님의 자녀들의 신앙 상태를 표현하는 이중적 의미를 가지고 있다. 돈을 어떻게 사용하느냐에 따라 우리의 신앙이 행동하는 신앙인가 아닌가를 보여 준다는 것이다. 칼빈이 개인의 재산이나 돈을 소유하는 것을 정당하다고 인정한 것은 개인의 상황에 따라 더 많이 가질 수도 있고 또

---

56) J. Calvin, *Institutes*, Bk. III. 10:6.
57) Ibid., Bk. III. 10:5.
58) Andre Bieler, op. cit., pp. 55, 56.

어떤 이는 더 적게 가질 수도 있다는 의미를 내포하고 있다. 그럼에도 재산이나 돈을 정당하고 합법적인 방법으로 모아야 한다는 것을 칼빈은 거듭 강조하고 있다. "우리가 우리 이웃의 재산이나 돈을 갖은 수법으로 획득하게 될 때, 진정한 사랑의 원리가 아닌 다른 사람을 어떤 모양으로든지 속이거나 해하려고 하는 욕망을 가지고 한 것이면 그것은 모두 도적질로 간주된다"[59]고 했다. 칼빈에 따르면 인간은 하나의 개인이 아니라 사회적 발전과 유기적 관계를 맺고 있는 사회적 존재요 다른 사람과 관련을 맺고 있는 상호 협력적 존재이다. 사회 내에서 재산이나 부가 불균등하게 분배되어 있는 것은 하나님의 책임이 아니다. 더 부유한 자들은 더 가난한 자들에 대한 경제적 소명을 가지고 있다는 것이다. 그러므로 개인의 재산이나 돈이라 하더라도 자신만을 위해 사용할 것이 아니라 가난한 자들과 나누어야 할 사회적 책임이 있다. 가난한 자 역시 부한 자의 이웃이 되도록 노력해야 한다. 칼빈은 또한 사람들은 누구나 다른 사람의 권익을 지켜 주어야 한다고 말한다. 그래서 그리스도인은 정직하고 합법적인 이득을 구해야 하며, 부정한 방법으로 치부하려고 하지 말며, 재산 증식을 위해 이웃의 재산을 파산케 하지 말아야 하며, 악랄하게 착취하여 부를 축적하지 말아야 하며, 자신의 탐욕을 채우려고 수단 방법을 가리지 않고 돈을 긁어모으는 데 혈안이 되어서는 안 된다는 것을 지적했다.[60] 이것이 이웃의 유익을 위해 행동하는 그리스도인의 사랑이요 사회적 책임이라는 것이다.[61] 이와 같은 칼빈의 견해는 그리스도인들의 물질적 소

---

59) J. Calvin, *Institutes*, Bk. II. 8:45.
60) Ibid., Bk. II. 8:46.
61) Ibid., Bk. II. 8:54.

유에 대한 정당한 권리와 사회적 책임을 동시에 강조한 것으로 평가할 수 있다.

이제 이자에 대한 칼빈의 입장을 간단히 살펴보자. 일반적으로 종교개혁 이전까지만 해도 이자 놀이(usury)는 중세 교회 성직자들과 신학자들에 의해 엄격히 금지되었다. 775년 니케아 종교회의(Nicene Council)에서 이자 놀이 금지 법안이 통과된 후 남에게 빌려 준 돈에 대해 이자를 요구하는 것은 불법으로 간주되었다. 그런데 이자에 대한 이러한 교회의 금지 법안이 국민들의 경제 생활에 불만을 가져오게 했고, 몇몇 국가들은 강한 반대 입장을 보이기도 했다. 그래서 중세 후반에는 일부 교회와 국가에서는 빌려 준 돈에 대해 이자를 부과하는 것을 용인해 주었다. 종교개혁 이전에 제네바에서는 이자 놀이가 실행되고 있었다.[62] 칼빈은 사람들이 이자 놀이에 관한 일로 타인을 억압하거나 손해를 끼치는 일이 없는 한 이는 허락될 수 있다고 보았다. 칼빈은 이자 놀이에 관한 새로운 방향을 제시했고 이를 금지하는 교회의 권위적 입장을 반대했으며, 그러면서도 바른 성경의 관점에서 문제를 풀어가도록 연구하는 일도 게을리 하지 않았다.[63] 칼빈은 이자 놀이는 마치 약제사

---

62) 그 당시 종교개혁자들, 즉 츠빙글리(Zwingli), 루터(Luther), 그리고 멜랑톤(Melanchton)에 의해서도 이자대부는 받아들여졌다. 특히 제네바의 경우 1527년의 이자율은 5%이었고, 1538년까지 5%에 머물렀던 이자율이 1544년 이후로는 6.6%로 인상되었다. cf. Andre Bieler, op. cit., p. 99.

63) E. V. Bawerk, *Capital and Interest* (1970), p. 28. L. F. Schulze에 따르면 칼빈은 부정한 방법으로 이자를 통해 유익을 얻으려는 것을 강력히 비난했다. 그러나 그는 "성경은 이자를 부과하는 모든 것을 반대하고 있지 않다. 만일 반대하고 있다면 모든 상거래 활동은 불가능하다"고 했다. 칼빈은 아무 것도 바라지 말고 빌려 주라(눅 6:35)는 말씀은 이자 대부의 전적인 금지를 포함하는 것이 아니라고 했다. 그 말씀은 가난하고 궁핍한 사람이 돈을 빌려 갈 때는 이자를 부과해서는 안 되지만 이 돈을 생산적이고 더 많은 열매를 얻는 일에 쓰기 위해 빌려 갈 때는 이자를 부과하는 것이 정당하다고 했다. cf. L.

가 독약을 취급하는 것처럼 조심스럽게 취급해야 한다고 보고, 이자 놀이를 행하는 일에는 무엇보다 신용이 뒷받침되어야 하고 간혹 불미스러운 일이 일어날 수도 있음을 알아야 한다고 했다.[64]

특별히 칼빈은 가난한 사람들에게 돈을 빌려 주고 이자를 취하는 행위는 잘못된 것이며, 그들로부터 과도한 보증을 요구하거나 또한 그들의 요구를 거절하는 행위도 잘못이라고 지적했다.[65] 이러한 칼빈의 견해는 이자 놀이를 허용하면서도 여러 가지 제약을 가하고, 그것에서는 특별한 예외가 있음을 보여 준 것이다. 칼빈은 인간 사회 속에 늘 정착되고 실현되어야 할 공정성의 규정은 마태복음 7:12의 황금률에 의해 기초를 두어야 한다고 보았고, 사회 경제 제도 역시 하나님의 뜻에 부합하도록 세워져야 한다고 했다. 왜냐하면 성경은 이에 대한 원리와 규범을 제시해 주고 있기 때문이다. 무엇보다도 칼빈은 모든 인간은 경제 활동을 함에 있어 하나님의 영광을 위해 행동하고 살아야 하며, 그분의 말씀에 따라 늘 인도함을 받아야 한다고 강조했다. 그러므로 모든 상거래 행위는 개인적인 유익을 위해서뿐만 아니라 인류 공동체의 선(善)을 위해 기여할 수 있어야 한다고 강조했다.

이제 두 번째 질문인 칼빈과 자본주의 정신에 대해 평가해 보고자 한다. 막스 베버(M. Weber)는 그의 저서 『개신교 윤리와 자본주의 정신』(The Protestant Ethic and the Spirit of Capitalism)에서 자본주

F. Schulze, *Calvin on Interest and Property- Some Aspects of His Socio-Economic View* (1984), p. 222.
64) Roger. Fenton, *A Treatise of Usurie*, p. 61. quoted from Tawney, *Religion and the Rise of Capitalism*, p.114.
65) Gregg. Singer, op. cit., p.240.

의의 발달을 루터, 칼빈 그리고 청교도들의 윤리 사상과 관련시켜 이야기하고 있다. 베버의 사상에 동조하는 대표적인 학자들은 에른스트 트뢸치(E. Troeltsch) 그리고 토니(R. H. Tawney)를 들 수 있다.[66] 이들은 종교개혁 이후 급속히 발전된 자본주의적 현상과 정신을 개혁자 칼빈과 청교도들의 윤리와 사회 사상에서 찾으려는 작업을 시도했다. 베버가 그의 저서에서 칼빈의 교리와 윤리 사상을 분석하면서 자본주의 정신을 규명해 보려고 시도한 것은 명백하다. 베버는 개혁자들에 관한 연구를 시작하면서 애매 모호한 연구의 목적을 밝혔다. 그는 자본주의 사상이 루터의 직업 사상과 내면적으로 관련성이 있는 것으로 주장하는 것은 잘못이며 루터 자신도 자본주의의 동조자가 아니라고 했다.[67] 그럼에도 불구하고 다른 면에서 볼 때 루터는 분명히 자본주의 정신을 소유한 자라고 평가했다.[68] 후에 루터의 직업 사상, 즉 직업이 하나님의 섭리에 의한 절대적 사명이라는 사상은 약화되었고, 오히려 칼빈주의와 청교도주의에 의해서 직업 사상의 정신이 발전했다고 보았다. 그의 논문에서 베버는 자본주의 정신이 종교개혁의 산물로서 발생했다는 어리석은 공론을 주장할 생각은 전혀 없으며, 단지 종교적 신앙과 직업 윤리 사이에 어떤 밀접한 연관성이 있는가를 연구할 뿐이라고 밝혔다.[69] 그럼에도 불구하고 결과적으로 베버(M. Weber)는 칼빈을 포함한 개혁자들이 자본주의 발달을 일으키는

---

66) 오늘날 한국 교회의 진보주의와 개혁주의 교회의 신학자들과 목회자들은 베버의 사상을 아무런 평가와 비평 없이 받아들이고 있고 그의 사상에 동조하고 있다.
67) M. Weber, *The Protestant Ethic and the Spirit of Capitalism*, 권세원, 강명규 공역 (일조각, 1987), p. 69.
68) Ibid., p. 70.
69) Ibid., pp. 78, 79.

어떤 정신을 산출했다고 이야기하고 있다. 그렇다면 칼빈의 어떤 교리와 윤리 사상이 자본주의 정신을 불러일으켰는가에 대한 베버의 견해를 살펴보자.

베버는 칼빈에 의해 산업을 주도하는 노동에 종교적 성격이 부여되었고, 그것이 기독교 윤리 정신으로 발전했다고 한다. 물론 앞에서 언급했듯이 칼빈은 그의 사회 사상에서 노동에 관한 견해를 밝히고 있다. 모든 인간은 노동하도록 지음을 받았고, 노동은 모든 사람에게 명령된 것이다. 칼빈은 노동을 하나님께서 주신 선물로 보며 하나님께 봉사할 수 있는 수단으로 본다. 그러므로 인간은 누구나 노동에 관한 소명을 가지고 있다. 이러한 소명 의식 때문에 열심히 일하는 사람은 노동을 즐거움으로 생각하며, 정신적이고 육체적인 노동의 가치를 존중한다. 이 직업 사상에 대한 새로운 정신이 칼빈의 사상 속에 나타났으며, 오히려 루터와는 달리 종교 생활과 세속적 경제 행위와의 관계를 형성시켰다는 것이다.[70] 결과적으로 종교적 신앙과 직업 윤리 사이에 밀접한 연관성이 있으므로 이 종교적 운동이 물질 문화 발전에 작용했다고 주장한다.

베버는 칼빈주의를 새로운 형태의 금욕주의로 보고, 이것을 칼빈의 예정 교리와 관련시켜 이야기하고 있다.[71] 그는 칼빈의 예정 교리는 루터처럼 종교적 체험으로부터 온 것이 아니라 사상의 논리적인

---

70) M. Weber, 권세원, 강명규 공역, op. cit., pp. 74, 75.
71) 막스 베버는 금욕적 개신교주의를 네 가지로 구분했다. ① 칼빈주의, ② 경건주의, ③ 감리교파, ④ 침례교파이다.

중요성 때문에 온 것으로 보았다. 결국 이 교리는 인간을 위하여 신(神)이 존재하는 것이 아니라 신(神)을 위해 인간이 존재하는 것이며, 인간은 하나님 자신의 영광의 수단이라는 것이다.[72] 또한 예정 교리는 인간 개개인의 행위의 가치를 인정하며, 개인 구원을 강조함으로써 금욕적 경향을 낳게 했다고 한다.[73] 결국 이 예정 교리는 로마 교회나 루터의 사상보다 더 세속적 금욕주의로 전락했다는 것이다.[74] 베버는 만일 인간이 선택받은 자라면 노동 행위를 통해 선택자의 축복받은 모습이 나타나야 된다고 하면서, 이와 같은 조건이 자본주의 사회의 발달과 관련된 두 가지 특징을 낳게 했다고 한다. 한편으로 신(神)의 예정 안에서 열심히 일하는 자들은 세속적 즐거움을 비난함으로 물질적 낭비를 하지 않게 되는데, 왜냐하면 쾌락을 추구하는 것은 하나님의 저주의 표현이기 때문이라는 것이다. 또 다른 한편으로는 부지런히 일하고 적게 소비함으로 저축을 하게 되고 이 저축을 통해 새로운 투자가 생기는데, 이러한 결과로 사회의 세속화가 일어났고, 하나님이 부여하신 예정 신앙이 약화되었다는 것이다.[75] 그러므로 칼빈의 금욕주의 사상이 노동, 저축, 영적 가치들을 희생시켜 가면서 획득한 이윤을 찬양하는 세속화된 자본주의와 중산층의 윤리로 변형되었다는 것이다.

그렇다면 우리는 자본주의 정신이 칼빈의 사상을 통해 발전했다고

---

72) M. Weber, 권세원, 강명규 공격, op. cit., pp. 86, 87.
73) Ibid., pp. 92, 102.
74) Ibid., p. 104. cf. 베버는 경건주의의 금욕사상 역시 칼빈의 예정 교리에 기초하고 있다고 했다. p. 112.
75) Ibid., p. 73. cf. Andre Bieler, p. 107.

하는 베버(M. Weber)의 주장에 대해 비평해 보기로 하자.

개신교의 윤리와 자본주의 정신의 연관성을 규명하는 베버의 역사적 시도는 잘못되었다. 베버는 자본주의 정신의 원인을 규명하는 작업을 시도하면서 18세기의 사람 벤자민 프랭클린(Benjamin Franklin)의 글을[76] 인용한다. 비록 자본주의 정신이 미국 청교도 사회에서 꽃이 피었다 할지라도 이 정신이 16세기의 칼빈과 청교도들로부터 나왔다고 설명하는 것은 대단한 실수이다. 필자는 그 당시 청교도 사회에서 꽃이 핀 자본주의 정신은 계몽주의 사상과 산업혁명의 산물로 나타난 것이지, 칼빈과 청교도들의 종교 윤리에서 온 것이 아니라고 생각한다. 자본주의 정신을 규명하면서 역사적 근거를 위해 칼빈과 청교도 사상을 끌어온다는 것은 상식을 벗어난 억측 논리이다.[77] 그리고 베버가 칼빈의 직업(노동)사상을 관련시켜 이야기하면서 이 정신을 17세기 청교도들인 밀턴(Milton), 박스터(Baxter), 팬(Penn), 폭스(Fox), 웨슬리(Wesley) 그리고 번연(Bunyan)의 사상에서 이끌어 낸다는 것 역시 잘못이다. 비록 그들이 종교적 사회 사상을 강조했다 하더라도 그 사상의 근거가 칼빈에 의해서 발생했다고 주장한다면 그것 역시 설득력이 없다는 설명이다.[78]

또한 칼빈의 윤리 정신을 그의 예정 교리에서 찾으려고 시도하면

---

76) 벤저민 프랭클린(Benjamin Franklin, 1706-1790)은 미국 사람으로 과학자이며 저술가이다. 그는 미국의 독립선언문 작성을 도운 사람이며, 프랑스 대사로 재직했었다. 청교도 사회의 노동 윤리에 대한 사상을 꽃피운 사람으로 본다.
77) Kurt Samuelsson, *Religion and Economic Actio* (1959), p. 55. cf. A. Bieler, op. cit., p. 106.
78) M. Weber, op. cit., p. 75. K. Samuelsson, op. cit., p. 60.

서 칼빈의 초기나 후기 기독교 강요를 언급하지 않고 웨스트민스터 신앙고백서로부터 예정 교리를 찾으려고 한 것도 중대한 실수이다.[79] 칼빈(Calvin)은 그의 예정론에서 인간 개개인은 하나님의 형상(God's image)대로 창조된 자유로운 인격자임을 강조하고 있다. 자유로운 인격자로 창조된 인간은 범죄로 인하여 전적으로 타락하고 무능해졌으며, 스스로 죄와 구원의 문제를 해결할 수 없게 되었다. 그러나 무능력자라고 해서 전적으로 노예가 된 것은 아니다. 칼빈의 입장에서는 하나님의 예정 안에 있는 자들이 그리스도를 믿음으로 말미암아 죄의 속박으로부터, 율법의 규제로부터 그리고 사탄의 노예로부터 자유함을 받아 그리스도 안에서 자유인이 된 것이다.

인간은 이 자유로 하나님을 순종하고 그분이 베푸신 구원을 수용할 수는 있으나 하나님과 구원을 거부할 자유가 주어진 것은 아니다. 이것을 거부한다면 인간은 결과적으로 죄의 노예가 되고 죽음과 멸망이 뒤따른다는 것을 알아야 한다. 칼빈은 하나님의 선택 안에서 구원받은 사람은 구원의 확신 속에서 정의롭고 근면하며 절제하며 이웃에 대한 사랑을 실천하며 살아야 할 책임성이 주어져 있다는 것을 강조한 것이다.

베버가 상업과 산업의 중요성을 이야기하면서 자본주의 정신을 로마 가톨릭보다 칼빈과 개혁자들로부터 찾으려고 한 것은 잘못된 판단이다. 자본주의의 제도적 형태와 사상은 종교개혁 이전에 유럽의 여러 도시에서 이미 형성되어 있었다.

---

79) Ibid., p. 85.

이탈리아(Italy)의 여러 도시들, 홀란드(Holland), 프랑스(France), 스페인(Spain)의 몇몇 도시들은 이미 16세기 이전에 상업 활동이 활발하게 이루어지고 있었고, 자본주의 정신이 뿌리내리고 있었으며, 상인 조합까지 생겨났다. 이로 인하여 로마 교회는 엄청난 재정적인 힘을 보유하게 되었다.[80] 오히려 자본주의 정신이 로마 교회에서 발생했다고 보아야 옳은 것이다. 싱어(Singer)도 현대 자본주의는 이미 문예부흥 이전에 서방 유럽에 존재했을 뿐만 아니라 발달하고 있었으며, 칼빈 시대에는 유럽 여러 곳에서 지반을 굳게 하고 있었다고 주장했다. 칼빈이 현대 자본주의의 사상적 토대를 세운 사람이라고 하는 것은 역사의 사실을 심각하게 왜곡한 것이며, 올바른 역사 연구라고 할 수 없다.[81]

베버는 경제 활동에 관하여 이야기하면서 로마 가톨릭과 칼빈주의의 금욕주의 사상의 차이점을 지적했다. 그는 오히려 칼빈의 금욕주의 사상을 세속화된 금욕주의라고 했다. 이것은 지나치게 과장된 표현이다. 종교개혁 훨씬 이전 중세가 시작되면서부터 전 유럽은 가톨릭 교회의 지배하에 있었다. 오히려 종교적 금욕주의 사상은 유대교에서 일어났으며, 중세 수도원 운동에서 꽃피었다고 볼 수 있다. 칼빈이 경제 활동에서 노동과 저축과 절제 생활을 강조한 것은 사실이다. 그러나 노동은 모든 인간이 소명으로 받아야 할 마땅한 의무임을 강조한 것이지, 노동을 찬양하여 세속적 경제 사상을 촉진시킨 것은 아

---

80) K. Samuelsson, op. cit., pp. 11, 12.
81) G. Singer, op. cit., p. 239.

니다. 어떠한 직업이든 그것이 하나님께서 허락하신 것이라고 믿는다면 그리스도인은 직업의 귀천을 말할 수 없으며, 단지 인간은 자신에게 맡겨진 일을 성실히 수행해 가는 청지기라는 사명 의식을 잊어서는 안 된다는 것이다. 비록 일하지 않고도 먹고 살아갈 수 있는 경제력이 있다 할지라도 노동하지 않고 살아가는 것은 인간의 노동의 의무를 무시하는 것이다. 칼빈에 따르면 인간은 누구나 노동을 해야 하며 열심히 일하는 사람은 노동을 즐거움으로 생각하며 정신적이고 육체적인 노동의 가치를 존중히 생각한다는 것이다. 노동의 가치를 알고 부지런히 일하는 사람들은 많이 소비하는 것을 미덕으로 생각하지 아니하고 오히려 미래를 위해 많이 저축하는 것을 생활의 미덕으로 생각한다. 그래서 칼빈(Calvin)은 이러한 정신을 바탕으로 그리스도인의 생활 속에 근면과 절제의 모습이 나타나야 된다고 생각했다. 그러므로 칼빈이 부지런히 일하며 저축하며 절제하는 생활을 강조한 것은 신앙의 경건성을 실천하고 하나님과 인간에 대한 사회적 책임을 실천하자는 것이었다. 칼빈이 이러한 것을 그리스도인의 의무와 생활 윤리로 강조한 것은 틀림이 없으나, 금욕주의를 강조하여 자본주의 정신을 일으키고자 함은 결코 아니었다.[82]

마지막으로 베버는 자본주의와 종교개혁의 사상적 토대를 이해하지 못했다. 근본적으로 두 사상은 서로 상반되는 사상이다. 전자는 사회 경제적 사상이고, 후자는 순수한 종교적 사상이다. 오히려 종교개혁자들이나 청교도들은 어떤 면에서 문예부흥(Renaissance)과 세속

---

82) 황봉환, 「크리스찬과 자본주의」 (엠마오, 1996), pp. 29, 30.

적 개인주의(Secular Individualism)를 거부하며 일어난 자들이라고 할 수 있다. 오히려 자본주의는 중세 봉건사상에서 싹이 트고, 문예부흥과 개인주의를 통해 발전하고, 계몽주의와 산업혁명에 이르러 꽃이 피었다고 할 수 있다.

지금까지 칼빈의 경제 사상과 자본주의 정신에 대한 평가해 보았다. 오늘날 우리 시대의 경제 구조는 크게는 사회주의와 자본주의 경제 구조로 형성되어 있다. 이 제도들은 서로의 사상적 강조점을 달리하고 있다. 사회주의는 사회 공동체를 높게 평가하여 공동 소유, 공동 생산 공동 분배의 원칙을 고집하고 있다. 창의성이 없고 의존적이며, 능동적이기보다 수동적인 경제 구조는 결국 경제 능력과 발전을 상실했다. 반면 자본주의는 지나치게 개인의 사유 권리를 높게 평가하고 주장함으로 공동체적 나눔에 무관심하고, 개인의 번영을 위한 축적으로 빈부간의 갈등을 심화시켰다. 이런 현실에서 하나님의 불변하신 말씀에 뿌리를 둔 칼빈의 성경적 경제 사상의 본질은 그 가치를 잃지 않았다. 칼빈이 강조하는 하나님 주권에 대한 사상은 오늘날 이 땅 위의 모든 신학자들과 목회자들과 성도들에게 오직 성경, 오직 은혜, 오직 믿음, 오직 그리스도 중심의 삶을 살아가도록 큰 도전을 주고 있다. 이러한 칼빈의 사상을 지지하고 지켜 가려는 한국 교회의 신학자와 목회자 그리고 성도들은 우리에게 부과된 선지자적 사명을 완수하는 데 중요한 용기와 생명력을 가지고 있는가 하는 점을 스스로 묻지 않을 수 없다. 오늘날 한국의 개신교가 종교개혁자들의 사상 위에 세워진 개혁 교회라고 한다면, 그들이 주장했던 하나님 주권 중심, 성경 중심, 교회 중심의 신앙으로 돌아와 사회 경제적 문제점들을 진단하고 평가해야 한다. 먼저 성경의 소리를 듣고 성경이 무엇을 말하고 있는가를 깊이 연구해야 한다. 그리고 인류 사회 안에서 일어나는 모든 문제들에 대해 성경의 원리를 제시하고 바른 기독교인들의 삶을 지도해야 한다.

4) 자본주의에 대한 성경적 비평

(1) 자본주의가 지니고 있는 장점

자본주의는 많은 장점들을 가지고 있다. 개인과 기업의 경제적 유익과 성장을 위해 열심히 일하도록 격려하고 열심히 일한 사람들에게 정당한 노동의 대가를 지불하고 권익을 보장해 줌으로 인해 국가의 경제 발전에도 기여하고 있다.

자본주의는 개인이나 사회의 부(富)를 증진시키는 데 크게 공헌하고 있다. 하나님께서 창조하신 자연 자원을 통한 생산과 관리는 하나님께서 인간에게 맡기신 창조의 법령이라고 말할 수 있다. 하나님께서 물질 세계를 창조하심은 그분 자신의 필요를 위해서가 아니라 인간의 행복한 삶을 위해서이다. 물론 인간 행복의 기준을 어느 한 가지에만 둘 수는 없다. 그러나 행복한 인간 생활은 기본적으로 필요한 의(clothing)·식(food)·주(shelter)의 문제가 해결될 때 가능하다. 비록 그리스도인들이 믿음 안에서 구원받고 영생의 축복과 내세의 소망을 가지고 살아간다 할지라도, 의식주 문제가 해결되지 않아 경제적으로 고통스러우면 그 삶이 진정 행복한 삶이라고 할 수 없을 것이다. 왜냐하면 인간은 물질을 필요로 하며 물질과 더불어 살아가도록 창조되었기 때문이다.

하나님은 인류에게 물질 세계를 맡기셨다. 그것은 맡겨진 자연 자원을 개발하고 사용하여 생산성을 높이고 부를 증진하도록 하며 소유한 재산과 부를 통해 나와 내 가족뿐만 아니라 물질이 필요한 이웃을 돕고 사는 사회적 책임성을 다하도록 하신 것이다. 그것이 그리스도인들에게 맡겨진 청지기적 책임성이다. 자본주의는 자연 자원을 통해서나 개인의 소유나 자본을 통해서 재산을 모으고 개인이나 사회가 부하게 되는 것을 적극적으로 장려한다. 일부 철학이나 종교(기독교 내에서도)는 재산과 부(wealth)에 대한 공정한 분배의 정의만 강조한 채, 재산이 많고 부하게 되면 그것이 모두 부정한 방법으로 모은 것으로 판단하고 또한 부자가 천국 들어가는 것이 낙타가 바늘귀로 들어가는 것보다 어렵다는 내용을 문자적으로 해석하여 재산의 축적과 부를 부정적인 면에서 평가하기도 한다. 그러나 자본주의는 자연 자원의 활용을 강조하고 재산을 통한 생산이나 소득을 통한 부의 증진으로 경제적 어려움을 극복하도록 할 뿐만 아니라 도움이 필요한 자와 함께 나눌 수 있는 기회를 제공해 주는 데 기여하는 긍정적인 면을 가지고 있다.

자본주의는 사유 재산의 권리를 존중한다. 사유 재산의 권리를 인정하는 것이 자본주의가 가지고 있는 가장 큰 특징이라고 말할 수 있다. 사유 재산권의 인정은 개인의 권리를 인정한다는 것이다. 그래서 자본주의 국가는 국가의 법을 통해 사유 재산권이 침해를 받지 않고 보호받도록 명시하고 있다. 또한 무엇이든지 다른 사람의 소유물을 자신 마음대로 사용할 수 없도록 규정하고 있다. 성경에서도 분명히 사유 재산권을 인정하고 있다. 구약의 율법은 타인의 재산이나 물건을 도적질하는 것과 그것을 탐하는 것은 분명히 잘못된 것이며 죄라고 가르치고 있다(출 20:15, 17). 남의 재물에 대한 탐심은 도적질할 가능성을 가지고 있고, 도적질은 타인의 재물에 대한 침해요 개인의 권리에 대한 도전이다. 반면 사회주의는 공동체 혹은 집단의 관심과 유익이라는 이름하에 개인이나 혹은 가족의 재산 권리에 대한 합법성을 무시했다. 이로 인하여 개인은 노동의 책임성과 재산에 대한 권리를 행사하지 못함으로 생산과 부의 증진에 실패했다고 볼 수 있다.

이스라엘 초기 족장 시대에도 하나님께서는 족장들에게 개인의 재산을 소유하는 것을 허락하셨고 그들이 가지고 있는 소유물에 대한 권리를 인정하셨다. 이스라엘 백성들이 가나안에 정착한 후에 하나님은 각 지파에 거의 공정하게 땅을 분배했고 각 지파는 할당된 땅을 각 가정에 분배했다. 물론 가나안 땅뿐만 아니라 모든 세계가 하나님의 것이지만 그것을 소유하여 생산, 관리, 분배 그리고 처분할 수 있는 권리를 인간에게 부여하신 것이다. 이러한 관점에서 볼 때 자본주의는 성경의 원리를 크게 빗나간 경제 제도가 아니다. 기독교 입장에서 볼 때 인간에게 이러한 사유 재산권을 인정하신 것은 바로 하나님이 인간을 돌보시고 보호하신다는 것이다. 하나님은 불의로 인하여 고통받는 사람들의 권리를 보호하심으로써 사회 정의를 유지해 가신다. 그러나 자본주의는 지나치게 개인의 권리를 허용하여 인간에게 자만심이나 이기심을 심어 줄 위험성이 있다. 개인 권리에 대한 지나친 요구는 청지기 정신과 겸손을 강조하는 성경의 정신에 위배될 수도 있다. 성경은 그리스도인들에게 다른 사람에게 봉사하고 다른 사람들의 권리를 보호해 줄 것을 요구하고 있다. 하나님은 권리를 보호

받지 못하고 고통받는 자, 빈궁한 자, 가난한 자, 무능한 자들에게 특별한 관심을 보일 것을 말하고 있다. 때로는 봉사를 위해 불편과 고통, 더 나아가 경제적인 손실까지도 감수할 수 있는 태도를 가져야 한다. 이러한 자세가 그리스도의 십자가를 지는 자세일 것이다.

자본주의는 생산의 필요성을 장려한다. 오늘날 자본주의는 부의 개념을 생산의 개념으로 이야기하기도 한다. 생산은 소득을 가져오기 때문에 아담 스미스(A. Smith)의 경제 이론은 생산에 중점을 두는 분업적 생산이 가장 효율적이라고 말한다. 생산이 없으면 소득도 없고 부를 증진할 수도 없고 남에게 나누어 줄 수도 없다. 자본주의는 제품의 생산에 있어 소비자들의 만족을 생각하며 소비자들에게 다양한 선택의 기회를 제공하고 있다. 하나님은 창조시 인간뿐만 아니라 지으신 만물이 땅위에 생육하고 번성할 것을 명하셨다(창 1:22, 23, 28). 경제적인 면에서 생육과 번성은 생산을 의미할 수 있다. 이러한 생산을 통해 인간은 그것을 식물로 삼아 살아가도록 하심을 본다(창 1:29, 30). 더욱이 인간 모두에게 의미 있고 생산적인 삶을 제공하도록 모든 자원을 관리할 책임을 부여하셨다. 생산에 대한 관점은 예수님의 교훈에서도 잘 나타나 있다. 달란트의 비유에서(마 25:14-30) 예수님은 자신이 받은 달란트(재능)를 잘 활용하고 사용하여 이익을 남긴, 즉 생산을 남긴 종들(servants)은 칭찬하시지만 반면에 받은 달란트로 생산에 활용하여 이익을 남기지 못한 종을 무익한(쓸모 없는) 종이라고 책망하신다. 이는 사람들에게 맡겨진 재능과 재산을 잘 사용하고 투자하여 생산성을 높이는 일을 해야 한다는 것을 보여 준 것이다. 생산성을 높여야 모든 사람이 부해질 수 있고 공평한 분배를 이룰 수도 있다. 생산성의 향상은 하나님이 주신 창조적 지혜를 통하여 가능하며 이 지혜를 구하는 자들은 무궁무진한 생산성의 향상 능력을 얻을 수 있다. 사실 생산성을 높이는 지혜가 부족하여 경제적으로 가난하고 생산성이 낮은 사회일수록 빈부의 격차가 심하다고 하는 것을 알아야 한다. 그러므로 그리스도인은 부자로부터 소유를 빼앗아 나누어 갖겠다는 어리석은 생각은 버리고 열심히 일하고 노력하여 생산성을 높여 자신과 다른 사람 모두 잘 살 수 있도록 하는 지혜를 하나님께 구해야 할 것이다.

자본주의는 재산이나 부의 소유에 대해 긍정적인 입장을 취하고 있다. 재산이나 물질의 소유는 인간의 생계를 위해서 반드시 필요하며, 가족의 교육과 안전을 위해서도 꼭 필요한 것이다. 자본주의는 자유로운 시장 경제 체제하에서 정당하게 획득한 개인의 부와 재산은 개인이 소유하도록 허락하며 사회나 국가가 간섭할 수 없도록 되어 있다. 개인은 법적으로 정당하게 구매한 것이나 취득한 것은 모든 것을 개인의 재산으로 소유할 수 있다. 물론 부와 재산을 개인적으로 축적하지 못하고 공유하도록 제한을 가하는 국가들도 있다. 사회주의 경제 체제를 따르는 국가들이 그러한 나라들이다. 공산주의 체제는 개인의 사유 재산 소유를 인정하지 않고 있으며 부의 축적에 대해 제한을 가하고 있다. 많은 사회주의 국가들 역시 개인의 높은 소득에 누진세를 적용하며 상속받을 재산의 권리를 규제하기도 한다.

그렇다면 기독교의 입장에서 성경은 재산이나 부의 소유에 대하여 어떻게 이야기하고 있는가? 이 질문을 성경의 관점에서 질문하고 답변해야 한다. 성경은 재산이나 부는 인간의 생존을 위해 하나님께서 주신 축복(blessing)임을 가르치고 있다. 성경은 결코 물질 재산과 부를 죄악시하거나 그것을 소유하는 것이 잘못된 것이라고 말하고 있지 않다. 성경은 개인이나 민족의 번영이나 부를 긍정적으로 받아들이며 그것을 하나님이 주신 복으로 이야기하고 있다. 성경은 하나님께서 사람들에게 재물과 부를 주어 능히 누리게 하시고 복을 받아 수고함으로 즐거워하도록 하시며, 또한 하나님께서 인류에게 주신 모든 것은 하나님의 선물이라고 말하고 있다(전 15:19, 8:17-21, 10:22). 그리고 전도서 6:2은 사람은 재물과 부요와 존귀를 하나님께로부터 받은 것이라고 했다. 성경의 예를 들어보면 아브라함은 매우 부자였다(창 13:2). 야곱은 양 떼와 소 떼와 종들을 무수히 거느린 부자였다(창 32:). 하나님은 욥을 번성케 하시고 그가 이전에 가졌던 물질의 소유보다 갑절을 더 주셨다(욥 42:10). 솔로몬 왕은 하늘 아래 최고의 부자였다(왕상 10:23).

신약에서도 예수님은 인간의 의식주 문제는 반드시 필요한 것임을 아셨고, 물질적인 것을 너희에게 더하시리라고 말씀하셨다(마 6:33). 하나님은 사람들이 땅 위에서 사는 날 동안 물질적인 부를 누리며 잘 살기를 바라신다. 동시에 재산이나 물질 혹은 돈은 가난한 사람을 돌보고 하나님의 나라를 세우는 일을 위해 사용되어야 하며, 개인의 호화로운 생활과 부요함을 과시하기 위하여 축적되고 사용되어서는 안 된다는 것을 성경은 가르치고 있다. 이 세상의 부와 물질에만 관심을 두고 그것을 얻고 모으기 위해 생명을 걸고 모든 것을 투자하는 사람들이 많다. 사실 그들은 영적으로 매우 가난한 사람일 것이다. 왜냐하면 하나님 안에서 인간이 얻을 수 있고 누릴 수 있는 영적인 부요함과 축복을 알지 못하고 있기 때문이다. 그들은 돈과 부한 재물이 하나님과 우리 사이의 영적 관계를 가로막을 수 있고 나아가 하나님도 버리며 물질과 재산을 우상시하여 섬기게 된다는 것을 알지 못하고 있다.

많은 사람들은 돈을 많이 가지고 있어야만 안전감을 느끼고 행복감을 느낀다. 어떤 때는 돈이나 물질적 힘을 가지고 다른 사람에게 충성심이나 복종을 강요하기도 한다. 얼마나 많은 돈과 재산을 가지고 있는가에 따라 그 사람의 가치와 인격이 측정되는 경우도 있다. 돈을 가지고 사람을 사고 팔기도 한다. 이러한 생각을 가진 사람들은 분명히 돈을 숭배하는 사람들이다. 우리 그리스도인들은 돈과 재산을 모으고 사용하면서 왜 내가 돈을 모으려고 하는지 그리고 무엇을 위하여 그것을 사용해야 하는지를 늘 생각해야 한다. 그리스도인이 재산과 돈을 단지 안정된 생활이나 자신의 명성을 높이는 것 때문에 필요하다고 생각하고 있다면 그는 돈의 노예가 되어 있는 것이다. 우리가 재물이나 돈을 하나님께서 이웃을 섬기도록 주신 선물로 생각한다면 우리는 그것을 하나님의 영광을 위하여 가치 있게 사용할 수 있을 것이다. 그러므로 그리스도인은 개인의 재산이나 부의 소유에 대해 신중하게 생각해야 한다. 성경은 하나님이 모든 만물의 소유자이심을 분명히 말하고 있다(레 25:23; 시 50:10; 104:24). 이러한 관점에서 볼 때 우리가 소유한 어떠한 것도 영원히 우리의 소유가 될 수 없다. 하나님께서 맡겨 주신 부와 재물이기에 우리를 포함하여 다른 사람들의 삶에 도움과 용기를 줄 수 있는 목적으로 사용해야 할 것이다.

자본주의 경제 체제는 국가가 정치나 경제의 권력을 독점하는 권력의 집중화를 예방하는 데 공헌하고 있다. 자본주의 경제 체제를 가진 국가는 경제뿐만 아니라 여러 가지 면에 가능한 한 개인에게 많은 자유를 제공해 주고 있다. 물론 지나친 방임적 자유로 인하여 자본주의 사회가 경제적인 문제점들을 안고 있기는 하지만, 국민 모두에게 동일한 경제적 기회를 제공하고 있다는 점은 긍정적으로 평가해야 한다. 오히려 경제나 권력의 독점화는 더 나쁜 사회적 문제점을 불러일으킬 수 있다. 앞에서도 언급했지만 공산주의 체제하의 경제 구조는 소득의 형평성을 강조하며 가족이나 개인의 재산이나 부의 축적에 대해서는 강력하게 제한을 가하고 있는 것이 사실이다. 공산주의자들은 모든 사람이 법과 제도 앞에서 완벽하게 평등할 수 있다는 유토피적 사상을 가지고 있다. 그러나 내면에는 국가의 권력을 쥐고 있는 자들이 정치나 경제를 개인의 유익을 위해서 사용하고 엄청난 부를 축적하고 있다는 것 또한 사실이다. 사회주의 국가의 이러한 경제적 불균형이 결국 경제적 빈곤 현상을 몰고 왔다는 것은 이미 다 알고 있는 사실이다.

(2) 자본주의가 지니고 있는 약점

자본주의는 많은 장점들을 가지고 있는 반면 많은 약점들을 가지고 있는 것 또한 사실이다. 자본주의는 구약의 율법의 규정에서 볼 때 성경의 가르침과 모순된 점들이 많이 가지고 있다. 구약의 율법은 선택된 이스라엘 민족을 위하여 특별한 상황하에서 주어진 특별한 법이며 제도이다. 구약의 율법 중에서 어떤 법은 예수 그리스도가 이 땅에 오심으로 성취된 법들이 있다. 그것이 종교적 의식법이다. 그러므로 오늘날 모든 그리스도인이 구약의 의식법에 얽매이지 않아도 된다. 그러나 도덕법이나 시민 생활에 대한 법(시민법)은 지금 이 시대에도 개인이나 사회 생활을 위하여 주는 원리적인 교훈들이 있다는 것을 잊어서는 안 된다. 여기서 우리는 자본주의 경제 제도가 가지고 있는 약점들을 기독교 사회 윤리학적 측면에서 평가해 보고 하나님께서 개인과 공동체 그리고 국가 전체에 주시는 윤리적 교훈이 무엇인가 살펴보려고 한다.

자본주의는 개인의 자유와 권리를 보장하고 제한하지 않는 것이 특징이다. 그러므로 누구든지 자신의 결정에 따라 가진 것을 자유롭게 사고 팔 수 있다. 이러한 제도적 특징에 따라 자본주의는 토지, 자본, 노동의 매매를 자유롭게 허락하고 있다. 그러나 구약 성경의 관점에서 볼 때 자본, 토지, 노동의 매매에 관해서는 제한성을 두고 있음을 본다. 고대 이스라엘 사회 안에서 이 세 가지 부분은 자유롭게 매매하는 것이 허락되지 않았다.

a) 자본 : 자본은 생산물의 판매에 따른 소득으로 오는 것도 있으나 자본의 활용에 의한 이자에서 생기는 경우도 있다. 은행이나 다른 금융 기관을 통해 자본을 늘리는 경우를 말한다. 성경은 생산품의 판매에 따른 소득을 제한할 것을 요구하지 않고 있다. 그러나 구약의 율법에 따르면 어떤 상황에서는 자본의 활용을 통해서 자본을 축적하는 이자 놀이에 대해서는 금지하고 있다. 이러한 가르침은 구약 시대나 지금이나 자본과 돈의 매매를 생산적이고 효과적인 방법으로 활용하도록 예방책을 제시해 준 것으로 볼 수 있다. 성경은 이스라엘 백성들 중에서 이자 놀이 하는 것은 엄격히 금지하고 있지만 이스라엘 백성이 아닌 이방인들과의 거래에서는 이자를 받는 것을 허락하고 있다 (신 23:19, 20). 이러한 성경의 입장은 소득으로 오는 자본은 저축하고 그 자본의 재투자를 통해 그 자본이 생산성을 높이는 데 사용되었

다면 당연히 일정한 액수의 이자를 받는 것이 당연하다는 점을 암시해 준다. 그러나 그 자본이 노동력을 통해 생산성을 높이는 일에 쓰여지지 않고 노동을 통한 생산성 없이 돈을 버는 고리대금업이나 증권 투자가 되어 버린다면 그것은 하나님의 노동의 원리에서 새롭게 조명되고 평가를 받아야 한다.

b) 토지 : 이스라엘 백성들이 약속의 땅 가나안에 들어갔을 때 그들이 차지한 모든 토지 재산은 그들의 가족이나 친족에게 균등히 분배되었다. 약속의 땅을 분배받은 후에 이스라엘 안에서는 토지를 사고 파는 매매가 금지되었다. 단지 희년 때까지 토지를 임대할 수 있었고, 희년이 되면 그 땅은 원주인에게 되돌려졌다(레 25:8-17, 23-34). 그래서 이스라엘 안에서는 토지 매매가 허락되지 않았다. 유목민 사회나 농경 사회는 토지가 유일한 생활 수단이었다. 그래서 생활 수단인 토지를 잃어버리면 종으로 팔려 가든지 아니면 하루하루의 노동(품꾼)으로 살아갈 수밖에 없었다. 이러한 상황에서 토지의 매매를 자유롭게 허락한다면 토지 자본을 사들인 자는 계속해서 구매할 능력이 생겨나지만 종이나 단순 노동자로 살아가는 일일 노동자들(품꾼)의 경우 자신들의 생활 수단인 토지를 노동을 통해서 다시 사들인다는 것은 거의 불가능한 일이었다. 이로 인하여 이스라엘 사회 안에서 가진 자와 가지지 못한 자들 간의 경제적 불균형이 생기게 된다. 하나님께서는 그의 백성들 안에서 일어나는 이러한 경제적 불평등이 지속되는 것을 원치 않으셨다. 그래서 모든 이스라엘 백성들이 법적인 규제와 보호를 받으면서 평등하게 살아갈 것을 원하셨기에 이러한 제도를 정해 주신 것이다. 더욱이 희년을 법적인 제도로 제정하신 것은 한 시대의 재정 부담과 잘못이 후손들이나 다음 세대에 짐이 되지 않도록 하

기 위한 것으로도 볼 수 있다. 희년이라는 법적인 제도로 인하여 토지 재산을 잃어버렸던 자들이 다시 시작할 수 있는 기회를 얻도록 하신 것이다. 이러한 제도를 통해 모든 백성을 아끼고 사랑하는 하나님의 깊은 사회적 관심을 발견할 수 있다.

c) 노동과 고용인 : 성경에서는 한 사람이 다른 사람을 고용하는 것을 합법적인 것으로 이야기하고 있다. 그러나 성경은 인간의 노동력을 다른 상품처럼 사고 팔 수 없도록 했다. 이스라엘 사회 안에서는 남종이나 여종을 둘 수가 있었다. 히브리인 가운데서도 부득이한 사정이나 재난으로 인하여 토지 재산이 저당잡히거나 팔린 후에 생계 유지를 위해 다른 종족의 가정에 팔려가는 경우가 있었다. 그러나 그들은 매매자로 취급된 것이 아니라 품꾼이나 가정에 함께 동거하는 자로서 대우를 받았고 역시 희년이 되면 본 가족에게로 돌아갔다(레 25:39-55). 성경을 보면 그 당시 필요에 의해 종을 고용하는 것을 합법적으로 이야기하고 있다. 신약에서 사도 바울은 그 당시의 로마 사회가 허락하고 있었던 종(노예)을 두는 제도를 반대하거나 비난하지 않았다. 오히려 이미 정해진 사회적 제도하에서 주인과 종의 윤리적인 관계를 바르게 하도록 가르치고 있다(엡 6:5-9). 그러나 이것이 과거 백인들이 아프리카 전 지역을 돌아다니며 건강하고 외모가 잘난 흑인 남녀를 강제로 끌고 와서 노예 시장을 열고 그들의 노동력을 매매했던 것을 허락한 것은 결코 아니다.

자본주의 경제 제도는 국가나 사회 안에서 경제적으로 가난한 자들의 보호를 위한 적절한 대응책을 제시하지 못하고 있다. 자본주의는 그 사회에서 일어나는 경제적인 문제점에 대해 윤리적인 해답을 제시하지 못하고 있는 것은 사실이다. 자본주의는 빈곤이나 가난을 개인의 불행으로만 간주하며, 경제적 빈곤으로부터 살아남기 위한 생존 경쟁이나 자본 획득을 위한 투쟁의 필요성만 강조하고 있다. 그러나 구약 성경은 이스라엘 안에서 빈궁한 가운데 처해 있거나 물질적으로 가난한 자들의 복지와 안녕을 위해 여러 가지 대안을 제시하고 있다. 구약 성경은 가난한 자들을 보호하도록 하는 규정을 정해 놓았고 종으로 팔려온 자와 고용된 일꾼들의 안전과 복지를 관해서도 이야기하고 있다. 몇 가지 예를 들어 살펴보도록 하자.

첫째로, 하나님께서는 이자 부과에 대한 금지 조항을 정해 놓았으며, 매 칠 년마다 모든 부채를 탕감해 줄 것을 명령하셨다(신 23:19, 20). 천재나 인재로 인하여 사람들이 생계의 곤란을 당하고 위험한 상황에 처하게 되었을 때 자신이 종으로 팔려가거나 혹은 이웃으로부터 돈이나 물품을 빌려 쓸 수가 있었다. 그러나 자신의 능력과 형편으로 도저히 갚을 수 없게 되었을 때 그것을 탕감해 주도록 하는 특별법을 제정해 주셨다. 부채를 탕감해 주도록 하신 것은 이스라엘 백성들 가운데서 경제적 상부상조의 관계를 유지하도록 하시는 하나님의 관심을 나타내신 것으로 볼 수 있다. 이 일로 채권자는 채무자를 도와서 재정적인 부채 부담을 막아 주게 되고 채무자에게 이웃 사랑을 실천할 수 있는 기회를 얻게 된 것이다.

둘째로, 노동자에 대해서 해지기 전에 임금을 지불할 것을 요구하고 있다(참고 출 22:26, 27). 하나님께서는 노동자들을 고용한 주인이나 기업주들이 그날그날 행한 일에 대하여 정당한 임금을 지불함으로 고용주와 고용인 사이에 인간 관계나 사회 관계에서 정의를 실천해 가기를 원하신다.

예를 들어 설명해 보자. 출애굽기 22:26, 27에서는 이웃의 옷을 저당잡은 자는 해지기 전에 그것을 본 주인에게 돌려보낼 것을 이야기하고 있다. 가난한 자가 가진 겉옷은 자기를 보호해 주는 중요한 생활 수단일 수도 있다. 만일 그것을 돌려주지 않는다면 이것은 자기 이웃의 생명을 경히 여기고 불의를 행한 것과 일반이다. 그래서 하나님은 이웃의 긍휼과 사랑을 위해서라도 그 옷을 해지기 전에 돌려줄 것을 명하신 것이다. 이러한 행동이 이웃과 사회에 대하여 정의를 실현하는 그리스도인의 행동이다. 만약 이를 거절한다면 하나님은 이러한 자들을 심판하시겠다고 말씀하신다. "내가 심판하러 너희에게 임할 것이라 술수 하는 자에게와 간음하는 자에게와 거짓 맹세하는 자에게와 품꾼의 삯에 대하여 억울케 하며 과부와 고아를 압제하며 나그네를 억울케 하며 나를 경외치 아니하는 자들에게 속히 증거하리라"(말 3:5)

셋째로, 하나님께서는 고용인들의 안전에 대한 고용주의 책임성에 대하여 말씀하고 계신다(신 22:8). 하나님은 가정과 사회에 대한 윤리적 규범을 이야기하면서 새 집이나 건물을 지을 때 주인이나 그 일을 책임 맡은 사람은 그 곳에서 일하는 노동자의 안전과 그 주변을 통행하는 이웃의 안전을 위해서 주의할 것을 규정하셨다. 넓은 의미로 생각해 보면 그리스도인들뿐만 아니라 모든 사람들은 자기가 고용해서 일을 시키는 노동자들의 작업 조건과 안전에 대한 관심을 소홀히 해서는 안 된다는 것을 보여 주신 것이다. 이러한 제도적 규정에 대한 말씀은 우리 사회에 너무나 적절하게 적용하도록 주신 말씀이다. 지하철 공사장이나 신축 건물 공사장뿐만 아니라 어떤 작업 현장에서도 그 공사의 책임을 맡은 사람과 관리인은 안전한 작업 환경을 조성해야 할 책임이 있다. 안전한 작업 환경을 위해서는 정부에 의해 규정된 안전 수칙을 철저히 지켜야 하고 작업장에서 일하는 사람들의 안전과 건강에도 세심한 주의를 기울여야 한다. 외국의 경우를 보면 공사장이나 건설 현장에서 일하는 사람들에게 안전모를 쓰게 하고 안전용 조끼를 착용하게 하고 구두를 신게 하는 것은 반드시 지켜야 할 원칙으로 정하고 있다. 주변의 보행자들의 안전을 위해서도 철저하게 안전 장치를 하고 보호막을 쳐 놓고 공사를 진행시킨다. 그리고 외부에서 손님들이 방문 및 시찰을 할 때도 반드시 안전모와 안전 조끼를 착용하고 출입하도록 한다. 그러나 한국의 건설 현장이나 공사장을 지나다 보면 안전모와 구두 그리고 재킷을 입고 일하는 자가 별로 없다. 지금은 많이 달라지긴 했지만 아직도 안전모를 쓰지 않고 운동화에 작업복 차림으로 일하는 사람들이 많다. 보행자들을 위한 안전 장치도 허술하기 짝이 없다. 주변을 지나가기도 무섭다. 무엇인가 떨어져 맞을까봐 겁난다. 보행자의 안전과는 상관없이 돌멩이나 건축 자재 조각들이 아무데나 방치되어 있다. 위험천만한 일이다. 사람의 생명을 귀중하게 여기지도 않고, 공사만 빨리 진행하고 돈만 받으면 그만이라는 식이다. 하나님은 인간 생명을 경시하는 이러한 풍조 속에서 우리 그리스도인들이 이웃의 생명과 안전을 책임질 줄 아는 정신으로 일할 것을 가르치고 계신다. 이것을 바르게 실천하는 것이 이웃과 사회에 대하여 빛과 소금의 역할을 다하는 일임을 명심해야 한다.

넷째로, 도망친 종을 보호할 것을 말하고 있다. 도망치는 사람들 중에는 구박과 학대나 열악한 환경을 극복하지 못하여 도망치는 사람도 있을 것이고, 나쁜 짓을 하고 도망치는 사람도 있을 것이다. 비록 나쁜 짓과 잘못을 저지르고 도망친 종이라 할지라도 성경은 그가 법적으로 보호받을 수 있도록 규정하고 있다. 이것은 인간의 범죄와 잘못을 정당화하라는 말씀이 아니다. 거짓이나 과실이나 잘못에 대하여 법적인 형벌을 가하기 전에 개인이나 공동체가 그에게 긍휼을 베풀 것을 요구하고 있는 것이다. 주인의 압제나 나쁜 작업 환경으로 인하여 도망친 사람이 없어야 하며, 만일 그런 자가 발생한다면 고용주와 근로자 사이에 지켜야 할 정당한 권리의 문제를 먼저 생각해 보도록 요구하시는 교훈이다. 고용주는 일꾼들로부터 성산적인 일을 기대할 권리가 있는 반면 종업원이나 근로자는 생산적인 일에 대한 대가로 공정한 임금을 받을 권리를 가지고 있다. 비록 임금 지불이 공정하다 할지라도 근로자들의 인격을 무시하고 여러 가지 처우에 불친절하면 시정을 요구할 권리도 근로자들에게 있다는 것이다. 우리 그리스도인들이 이런 정당한 권리를 주장하고 요구할 수도 있는 것은 하나님께서 모든 인간을 그분의 형상대로 지으시고 그들을 돌보시며 보호하고 계시기 때문이다. 하나님은 불의(unrighteousness) 때문에 고통받는 사람들의 권리를 보호함으로써 정의(justice)를 유지하신다. 그래서 하나님께서는 권리를 보호받지 못하여 고통받는 자, 빈궁한 자, 가난한 자 그리고 무능한 자들에 대해 특별한 관심을 기울이는 일에 우리 그리스도인들이 참여하길 원하고 계신다(잠 29:7; 31:8, 9).

다섯째로, 고아나 과부 그리고 가난한 자들을 위해 농작물을 다 거두지 말고 남겨 둘 것을 요구하고 있다. 이스라엘 백성들이 곡식을 벨 때나 포도원에서 수확을 할 때 남은 것을 다 거두지 말고 떨어뜨려 놓거나 남겨 두면 어려운 형편에 있는 사람들에게 조금이나마 도움을 줄 수 있다는 것이다. 이것 역시 이스라엘 백성들 가운데 약한 이웃이나 궁핍한 이웃을 보호해 줄 것을 요구하는 하나님의 깊은 사회적 관심으로 볼 수 있다(신 24:19-21).

자본주의는 경제적 발전을 통해 사회 속에 일어나는 여러 가지 문제점을 통제할 수 있는 어떤 윤리적 규범을 제공하지 못하고 있다. 자본주의가 사유 재산과 소유의 권리와 개인의 자유를 존중했지만 그로 인하여 발생하는 가정이나 혹은 국가적 차원에서 사회의 질서와 적절한 통제를 위한 대안을 제시하지 못하고 있다. 그러나 성경은 적절한 사회 질서를 위해 가족이나 공동체의 관계를 바르게 하도록 하는 여러 가지 규정을 제시하고 있다.

성경은 자본주의의 산물인 물질주의로 인하여 개인과 가정이 타락하고 분열되는 것을 보호하는 규정을 제시하고 있다. 자본주의는 물질에 최고의 가치를 부여함으로 인간을 물질의 노예로 만드는 데 일조하고 있다. 자본주의는 돈이면 무엇이든지 할 수 있다는 잘못된 사고를 심어 주었다. 불신자들의 이야기를 들어 보면 오직 그들의 소원은 다른 것이 아니라 아니라 돈을 많이 버는 데 있다는 것을 알 수 있다. 신자들도 어차피 이 세상에서 사는 것은 물질로 사는 것이지 믿음으로 사는 것은 아니라고 한다. 맞는 말일 수 있다. 사람은 빵을 먹어야 산다. 그러나 이런 생각을 그리스도인들이 하고 있다면 그것은 아직도 믿음 안에서 살아가야 한다는 것의 의미를 바르게 깨닫지 못한 자의 고백일 것이다. 굶주리고 배고픈 예수님에게 물질로 유혹(temptation)해 온 마귀의 시험에 "사람이 떡으로만 살 것이 아니요 하나님의 입으로 나오는 모든 말씀으로 살 것이라"(마 4:4)고 하신 말씀을 깨닫지 못한 까닭일까.

돈과 재물이 너무 귀중해서 부모, 형제, 아내와 남편 그리고 이웃을 해하면서까지 그것을 빼앗으려고 한다면 그는 더 이상 온전한 인간일 수 없다. 이것은 자본주의가 낳은 산물이며 범죄한 인간의 탐욕이다. 이것이 바로 우상 숭배이다. 우리가 구약 성경을 읽을 때마다 비통하게 느끼는 것이 무엇인가? 이스라엘 백성들이 하나님의 말씀을 무시하고 거짓 선지자들의 가르침을 따라 우상을 숭배한 죄로 그들이 바벨론의 포로가 되어 잡혀가고 흩어져서 유리하며 고생하지 않았는가. "욕심이 잉태한즉 죄를 낳고 죄가 장성한즉 사망을 낳는다"(약 1:15)는 야고보 사도의 말이 너무나 적절한 적용이 아닌가? 물론 자본주의가 돈을 우상화하도록 인간에게 가르친 것은 아니다. 그러나 그 돈과 물질을 쓰는 데 있어서 사람에게 어떻게 벌고 어떻게 써야 된다는 사회 윤리적 규범을 제시하지 못하고 그들로 하여금 물질에 최고의 가치를 두도록 내버려 둔 것이 잘못이다. 어디 이것뿐인가. 돈과 물질 때문에 발생하는 여러 가지 성적인 타락(이혼 문제, 가정 파탄, 성(sex) 매매, 성(sex)범죄)은 이미 억제하고 치료할 방법을 잃은 것 같다. 이 사회를 보라. 남자들이 즐기는 일은 무엇인가? 여자와 즐기는 것이 그들에게 제일 즐거운 일이 아닌가? 그래서 성에 중독이 되어가고 있지 않은가? 여성과 어린 십대들도 마찬가지로, 쉽게 돈을 벌기 위해 그리고 마음껏 돈을 쓰기 위해 몸을 팔고 있으며 심지어는 남자까지도 팔고 있다. 차마다 여성들의 나체 사진을 찍은 판촉용 명함들이 수없이 꽂혀 있다. 어린이들이 이것이 무엇이냐고 물으면 어떻게 대답해야 할까? 이것을 규제할 방법은 없을까? 국가는 이제 와서 도덕성 회복을 위하여 윤락 행위에 대한 처벌을 강화하는 개정 법안을 발표하고(96년 1월 6일), 미성년자들과 성 관계를 맺은 사람들을 사회에 공포하겠다는 위협을 가하고 있다. 물론 비윤리적 행위를 한 자들에게 엄벌이 가해져야 한다. 그렇다고 그것이 최선은 아니다. 그것으로는 문제를 근본적으로 해결할 수 없다. 향락을 위해 돈을 쓰고 싶고 향락으로 돈을 벌려고 하는 사람은 법의 규정으로도 안 된다.

필자가 가르쳤던 여학생들의 말이다. 그들의 말에 의하면 얼굴이 좀 예쁜 학생들은 방학 동안 학교에 나오지 않는경우가 있는데, 그 이유를 알아보면 아르바이트를 한다고 한다. 즉 몸을 파는 일을 해서 많은 돈을 번다는 것이다. 이러한 인생을 위해 우리가 할 수 있는 일이란 무엇인가? 너무 진부한 해답이라 생각할지 모르겠지만, 하나님의 말씀으로 교육시키며 새롭게 태어나도록 하는 길 외에는 방도가 없다. 그러기에 이 시대를 향한 교회의 사명이 막중한 것이다. 이 시대의 목회자들과 교회들이 인생의 가치를 바르게 가르쳤다면, 적어도 남의 핸드백을 가로채고, 권총으로 은행을 털고, 고객이 맡긴 돈을 잘 관리해 주어야 할 은행과 금융 기관의 직원들이 수십 억의 고객 돈을 털어 해외로 도망가지는 않을 것이다. "돈을 사랑함이 일만 악의 뿌리가 되나니"(딤전 6:10)라는 성경의 가르침이 얼마나 정확한가!

사회가 경제적으로 부유해지자 향락을 위한 범죄가 극도에 달했다. 돈을 가지고 해외로 성(sex) 관광을 다니는 자들이 늘어나 알선하는 여행사들이 재미를 보고 있다는 것이다. 조선일보 만물상에 이런 글이 실렸다. 해외에 사는 한 여성 교포가 관광차 일행들과 함께 한국을 방문했다. 그런데 설악산 여행에서 여행사는 느닷없이 한 남자를 데리고 와서 여행동안 파트너가 될 사람이라고 소개를 시켜 주었다는 것이다.

물질적 부(wealth)를 최고로 생각하는 사람들에게 성경은 "부하려 하는 자들은 시험과 올무와 여러 가지 어리석고 해로운 정욕에 떨어

지나니 곧 사람으로 침륜(경제적 파멸 혹은 파산)과 결망에 빠지게 하는 것이라"(딤전 6:9)고 말한다. 성경은 부모를 공경하고 형제를 사랑하며(출 20:12), 간음하지 말고 음행을 멀리 하며(출 20:14), 도적질하지 말고 이웃을 도우라고(출 20:15) 가르치며, 여러 가지 성도덕에 관한 규범을(신 22:13-30) 제시해 주었다.

성경은 기독교인들의 사회적 책임성에 대해 이야기하고 있다. 사회적 책임이란 가정이나 직장이나 기업 내에서 공동체의 구성원으로 살아가는 사람이라면 누구나 실천해야 할 의무와 같은 과제이다. 물론 사회적 책임이란 한가지 일에만 국한된 것은 아니다. 사회 정의를 위해, 공동체의 유익을 위해, 인류의 평화를 위해 남을 돕고 봉사하는 일이라면 그것이 우리가 해야 할 사회적 책임이다. 그러므로 성경은 사회 정의에 대하여, 빈궁한 이웃(고아, 과부 그리고 무기력자들)을 돕는 일에 대하여, 그리고 경제적인 나눔에 대한 그리스도인들의 사회적 책임을 강조하고 있다. 그러나 자본주의 경제 제도는 이러한 윤리적 규범을 제시하지 못하고 있다.

자본주의는 그것이 지니고 있는 근본적인 가치가 무엇인가를 제공해 주지 못하고 있다. 하나의 경제 철학으로서 자본주의는 물질적 부(wealth)의 증진에 대해서는 강조하고 있으나, 그 물질과 부를 사용함으로 나타나는 가치에 관해서는 이야기하지 못하고 있다. 물질의 가치는 사람이 생산할 수 있는 능력을 가지고 있느냐에 따라 평가되는 것이 아니라 그가 그 물질을 어떻게 사용했느냐 혹은 사용하고 있느냐에 따라 평가되어야 한다. 자본주의하에서 삶의 최고의 목적은 더 많은 부를 얻으려고 하는 것이다. 그 속에서 재물에 대한 가치 추구는 근본적으로 인간 존재의 가치와 인간 생명의 가치를 떨어뜨리고 있으며, 그것은 삶의 목적에 대한 성경의 가르침과 모순된다. 성경은 물질의 번영을 최고의 목표로 삼고 있는 자본주의 정신에 찬성하지 않는다. 예수님께서도 물질의 과다한 소유와 부의 위험성을 지적해 주셨다. 이처럼 자본주의는, 물질에 대한 무조건적 애착심과 인간과 사회가 물질만능의 병에 걸려 죽어가고 있는 데 대한 치유책을 제시하지 못하고 있다. 그러나 성경은 인간의 생명이 천지만물보다 더 가치 있음을 밝히고 있다. 물질이 인간 생활에 반드시 필요한 것은 사실이나 인간 자체와 생명은 물질과 비교할 수 없을 만큼 귀하다. 그래서 예수님은 인간의 한 생명이 천하보다 귀하다고 말씀하셨다. 또한 먹고 입고 거처하는 것이 당연히 필요한 것임을 아시지만 이보다는 생명이 더 귀중하기에 "생명이 음식보다 귀하며 몸이 의복보다 귀하다"고 말씀하셨다(마 6:25).

물질은 인간이 생명 유지를 위해 사용하는 수단이지 섬김의 대상은 결코 아니다. 그러나 자본주의는 인간들로 하여금 돈과 물질을 숭배하게 만들었다. 모든 사람들이 돈 앞에서 약해진다. 이 점에 대해서는 목회자들도 자유로울 수 없다. 혹시 거저 받은 하나님의 은혜를 돈을 받고 팔고 있지는 않은지 스스로를 냉정하게 생각해 보아야 한다. 성경은 분명히 인간이 "하나님과 재물을 겸하여 섬길 수 없다"고 가르치고 있다(마 6:24). 예수님의 비유 중 잃은 양의 비유나 잃은 동전의 비유 그리고 잃은 아들의 비유(눅 15장)는 무엇보다도 잃어버린 그 하나의 귀중함, 즉 한 영혼의 귀중함을 알려 주신 말씀이다. 이런 의미에서 기독교는 배금주의를 철저히 배격해야 한다. 왜냐하면 하나님 외에 다른 것을 섬기는 것은 우상 숭배이기 때문이다.

5) 자본주의와 경쟁

오늘날 자본주의 시장 경제 체제하에서 온 세계는 무한 경쟁 시대를 맞이했다. 이러한 사회적 현상 속에서 경쟁이란 피할 수 없는 인간 생존의 전제 조건이라 할 수 있다. 자연 자원은 점점 고갈되어 가고 있다. 그나마도 남아 있는 자연 자원(산, 육지, 바다 그리고 강)도 인간과 기계나 공장이 내뿜는 폐기물들로 오염되고 파괴되어 가고 있다. 그러나 인간의 가지려고 하는 욕망은 더 커져만 간다. 탐욕과 지배욕과 이기심과 소비심이 경쟁을 부추기고 있다.

더욱이 세계무역기구(World Trade Organization) 출범 이후 온 세계는 전면적인 개방(금융, 교육, 공산품, 농수산물, 가전제품 그리고 자동차 등)을 실시하지 않으면 안 되게 되었다. 그래서 자본주의는 생산과 획득을 장려하며, 기술 혁신을 통해 새 상품 개발로 시장을 장악해야 승리하고 살아남을 수 있다고 아우성치고 있다. 대부분의 사람(그리스도인을 포함하여)들은 적자생존의 세상에서 살아남으려면 경쟁(competition)에서 이기는 방법밖에 없다고 말한다. 반면 일부 기독교인들의 비평에 따르면 경쟁은 이기심과 적개심을 조장하고 윤리적으로 인간 관계와 인격 형성에 나쁜 영향을 미치며 획득과 탐욕을 장려하는 것이라고 한다. 그러기에 협력이 경제 생활의 기초가 되어야 한다고 이야기하고 있다. 성경에서 경쟁에 관한 직접적인 언급을 찾을 수는 없다. 그러나 경쟁적 상태에서 일어난 사건들을 여러 곳에서 볼 수 있다. 기독교의 관점에서 경쟁은 긍정적인 면과 부정적인 면의 양면성을 가지고 있다고 볼 수 있다.

(1) 경쟁의 긍정적 측면

성경은 경기하는 자(athlete)가 경기장에서 다른 사람과 경쟁할 때 반드시 법대로 해야만 승리하고 상금(면류관)을 얻을 수 있다는 것을 가르치고 있다(딤후 2:5). 이것은 어떠한 경쟁을 하든지 경쟁자가 마땅히 지켜야 할 법칙이 있음을 말한다. 그러나 기업에서 경쟁자들 중에 많은 자들이 불법을 행하는 것을 볼 수 있다. 탈세를 하고, 과다한 이윤을 부과하여 소비자에게 부담을 주며, 자꾸 불법을 행하려고 한다. 그러나 성경은 무슨 경쟁을 하든지 경쟁하는 사람은 그 일에 따른 법을 지켜야 하는 것이 원칙임을 이야기하고 있다. 경쟁에서 이기기를 다투는 자마다 모든 일에 절제한다는 말씀이 있다(고전 9:25). 이 말씀은 모든 일에 절제하지 못하는 사람이 경쟁에서도 이길 수 없다는 점을 깨우쳐 주고 있다. 경쟁은 경쟁자와의 싸움이라고 생각하지만 경쟁자와 싸움 이전에 자신과의 싸움이 먼저 필요하다.[83]

경쟁은 사람으로 하여금 자신을 낮추게 하고 최선을 다하도록 만든다. 경쟁이 없는 상황에서 경제 활동이나 기업 활동을 하게 되면 인간은 더 교만해지고 타락하기 쉽다. 왜냐하면 경쟁자가 없는 상태에서 어떤 자원을 갖게 되면 그것으로 인하여 권력을 갖게 되어 독점 기업이 될 위험성이 있기 때문이다. 그래서 견제와 균형이 없는 절대 권력은 부패한다는 것이다. 경쟁이 없으면 노력하고 연구하지 않을 것이며 오히려 낭비하고 사회를 쇠퇴하게 만들 경향이 있다. 경쟁하지 않는 사회주의 국가는 국영 기업들의 비효율성으로 말미암아 경제적

---

83) Cf. 한정화, 「경쟁과 전략에 대한 성경적 관점」 (엠마오, 1995), p. 18.

몰락을 초래했다. 예를 들면, 러시아(소련)와 동유럽의 사회주의 국가들이 그러한 경우이다. 기업의 경우에도 고도 성장을 누리다가 갑자기 쇠퇴하는 사례들을 보면 자기 확신이 너무 지나쳐 교만해지고, 시작할 때 가졌던 고객과 사회를 위한 서비스 정신이 사라지게 된 것에 그 원인이 있다. 경쟁자가 많고 어려울 때는 겸손하다가 성공하면 교만해지는 것이 인간의 속성이다. 그래서 성경은 "교만은 패망의 선봉이요 거만한 마음은 넘어짐의 앞잡이니라"(잠 16:18)고 한 것이다. 그러므로 기독교 기업인들은 기업의 주인이 하나님이시라는 것을 확실히 인정해야 한다. 그리고 우리 기업의 제품으로 소비자들에게 어떠한 만족을 줄 것인가, 사회와 국가에 어떻게 봉사할 것인가, 이 기업을 통해 복음 증거와 하나님의 나라를 확장하는 일에 어떻게 봉사할 것인가를 생각하는 겸허함이 있어야 한다. 인생이나 기업은 하나님이 붙들어 주시고 지켜 주셔야 보호받고 지속적으로 성장해 갈 수 있다. 진정한 축복과 번영은 하나님의 손길에 달렸다.

경쟁은 상호 발전을 가능하게 해 주기도 한다. 모든 운동 경기의 경쟁에는 승자와 패자가 반드시 있게 마련이다. 그러나 기업 경영에서는 반드시 승패의 결과단 나타나는 것은 아니다. 성공하는 자도 있을 수 있고 실패하는 자도 있을 수 있지만 함께 성공하는 경우도 많이 있다. 서로 경쟁하면서 기업을 경영할 때 기술 혁신을 가져오고 더 좋은 품질을 만들고 더 좋은 제품을 소비자들에게 공급함으로 신뢰를 얻을 수 있고 상호 발전해 갈 수 있다. 경쟁은 인간 생활에 나타나는 하나의 필연적인 현상이라 할 수 있다. 이 경쟁을 통하여 인간은 성공과 실패를 경험하면서 이들의 원인을 분석하고 연구함으로 더 나은 발전을 가져오게 할 수도 있다. 그래서 '상대적인 성공과 실패를 어떻게 생각하고 취급해야 할 것인가?' 그리고 '많은 재능을 가진 사람과 갖지 못한 사람들이 어떻게 공동체 속에서 함께 살아가야 하는가?'를 배워야 한다.

(2) 경쟁의 부정적 측면

경쟁은 긍정적 측면 못지 않게 부정적인 측면도 많이 있다.

첫째, 타락된 사회 안에서의 과도한 경쟁은 서로를 파괴하고 몰락하게 하는 위험성을 안고 있다. 이것은 지나친 경쟁으로 서로가 다 실패하는 경우를 말한다. 지나치게 경쟁적인 기업은 그만큼 자본의 부담을 많이 안게 된다. 광고에 투자를 많이 하게 되면 광고 비용이 원가에 첨가되어서 소비자들이 고스란히 가격 부담을 안게 되는 것이다. 예를 들면, 펩시콜라가 코카콜라와 판매 경쟁을 하려고 전 세계적으로 광고에 열을 올리면서 엄청난 광고비를 지출했다. 코카콜라 역시 이에 질세라 더 많은 비용을 광고에 투자했다. 이러한 경쟁으로 엄청난 광고 비용을 쓰게 되고 결국은 그 비용을 소비자가 떠맡아야 하는 결과를 가지고 왔다.[84]

국내의 맥주 회사들의 경쟁 광고가 이와 비슷하다. 여러 맥주 회사들이 광고 비용으로 많은 돈을 쓰고 있다. 하지만 결국 그 광고 비용은 소비자가 떠맡아야 한다. 물론 그렇지 않은 경우도 있다. 이제 우리 나라에도 자동차가 가정에 한 대씩 있는 셈이다. 자동차의 공급만큼 휘발유나 경유나 가스의 공급을 늘려야 한다. 그래서 정유 회사들

---

84) Ibid., p. 21.

이 앞다투어 좋은 기름을 생산해 내고 판매 경쟁을 위해서 자리만 있으면 주유소를 세우고 있다. 지금은 너무 주유소가 많아서 탈이다. 이렇게 경쟁을 하면서 기름을 팔고 있으니 소비자들은 조금이라도 값이 싼 곳에서 기름을 넣으려고 한다. 그렇게 되면 다른 정유 회사는 기름값을 내려야 한다. 덕택에 소비자들은 보다 싼 가격으로 기름을 살 수 있게 된다.

둘째, 과도한 경쟁은 무책임하고 부정직한 행동을 하도록 자극한다는 것이다. 자본주의 경제 체제하에서는 상품을 생산하여 판매하는 자나 그 상품을 구매하는 자 모두가 서로의 이익을 얻으려고 한다. 사는 사람의 입장에서는 조금이라도 물건값을 깎으려고 하고 파는 사람의 경우는 조금이라도 이윤을 더 남기려고 한다. 아마 서로 이익의 원칙만 지킨다면 아무도 손해 볼 사람이 없을 것이다. 그러나 판매를 하는 사람들이 서로 경쟁을 할 때는 상황이 달라진다. 물건값의 차등에 따라 이익을 얻는 경우도 생기고 손해를 보는 경우도 생길 수 있다. 그런데 기업을 하면서 계속적으로 손해를 볼 수는 없는 것이다. 손해를 본다는 것은 기업을 포기한다는 말이다. 그래서 발전하고 성공하기 위해서 라도 경쟁을 피할 수는 없다는 것이다.

기업 활동에서 경쟁이 심한 만큼 상대를 앞지르고 이기려는 압력이 심해진다. 기업주나 공용인들도 기업의 성공 여부에 따라 신분의 보장이 달라지고 경제적 대우가 달라진다. 그래서 고용인들은 늘 경쟁해야 하는 불안감을 떨쳐버릴 수 없다. 이러한 과도한 경쟁 심리는 무책임하고 부정직한 행동을 하도록 자극한다. 그래서 자금을 쉽게 얻으려고 은행 대출을 위해 뇌물을 주기도 하고, 한 푼이라도 세금을 적게 내려고 탈세를 하기도 한다. 더욱이 유명 회사의 상표를 도용하여 가짜를 진짜로 위조하고, 과도한 광고로 소비자를 현혹시키기도 하며, 다른 회사의 인력을 고용하기도 한다. 상대방 기업의 영업 기밀이나 기술을 훔치는 산업 스파이 활동도 한다. 가격 경쟁을 하면서 대기업이 덤핑 판매를 함으로 자금력이 약한 중소기업을 도산으로 몰고 가기도 한다. 어떤 때는 원가 절감을 위해서 불순물을 섞거나 제품의 함량을 속이기도 한다. 이러한 것은 죄로 오염된 인간의 부도덕함에서 생겨나는 것이다. 그리고 꼭 앞서려고 하는 경쟁 의식이 인간의 이기심을 유발하여 상대방을 미워하고 경쟁자를 파괴하고자 불법적인 수단과 방법을 동원하기도 한다. 이와 같이 경쟁은 비윤리적 경쟁 수단을 동원함으로 사람들 사이에 라이벌 의식을 조장하고 인간 관계와 인격 형성에 나쁜 영향을 끼칠 수도 있다.

(3) 경쟁과 그리스도인의 자세

그리스도인들은 어떠한 경쟁을 해야 할 것인가? 그리스도인들 역시 자신의 사업을 위해 경쟁 사회에 뛰어들기 전에 어떠한 자세로 경쟁에 임해야 할 것인가를 생각하지 않으면 안 된다.

첫째, 그리스도인은 경쟁 사회에서 사업을 시작하기 전에 철저한 준비를 하지 않으면 안 된다. 예를 들어, 건축을 한다고 가정할 때 시일이 얼마나 걸릴지를 예상해야 한다. 시간을 너무 짧게 잡으면 부실 공사를 할 위험성이 있고, 너무 길게 잡으면 공사는 완벽하게 진행될 수 있으나 공사 비용이 너무 많이 들 것이다. 그리고 원자재값과 인건비 등의 총 공사 비용을 사전에 준비해야 한다. 누가복음 14:28-30에 보면 예수님께서 특별한 비유를 들어 이야기하신 내용이 있다. 어떤 사람이 공사(포도원 망대를 세우는 공사)를 계획하고 있는데, 그 공사를 준공할 때까지 필요한 시일과 인부들과 비용에 대하여 사전에 예산을 세워 준비하지 않겠느냐는 것이다. 만일 공사 혹은 사업을 시작하는 사람이 사전에 아무런 준비 없이 공사를 시작했다가는, 기초 공사만 해 놓고 예산 부족으로 공사를 중단하는 경우도 있을 수 있다는 것이다. 이렇게 되면 그 공사나 사업은 시작부터 실패한 것이고, 주변 사람들은 이 사람의 어리석음을 비웃을 것이다. 물론 건물을 지을 때만 이렇게 준비해야 한다는 것은 아니다. 그리스도인은 사업을 시작하면서 대기업이나 중소기업 혹은 같은 업종의 사람들과 경쟁을 하기 전에 얼마의 자본으로, 어떤 기술로, 어떤 품질로, 어떤 서비스로 그리고 어떤 기업 윤리를 가지고 경쟁에서 이길까를 준비해야 한다. 경쟁에서 이기기 위해 충분히 시장 조사를 한 후, 차별화된 이미지와 기술과 품질로 경쟁할 때 그 사업을 승리로 이끌어 낼 수 있을 것이다.

둘째, 기업가나 사업가는 경쟁하기 이전에 충분한 자본을 준비하고 있어야 한다. 여기에 자본은 물질 자원과 인적 자원을 다 이야기할 수 있다. 돈만 있다고 사업이 저절로 되는 것은 아니다. 하지만 돈 없이 사업하는 자도 없다. 모두가 그 사업에 성공할 줄 믿고 투자를 한다. 그런데 왜 실패하고 성공하지 못하는가? 또한 우수한 인적 자원만 있고 계획이 세워져 있다고 사업에서 성공하고 경쟁에서 이긴다는 원칙도 없다. 사업을 하는 자는 먼저 우수한 인적 자원을 확보하여 철저한 경영 전략(기술, 품질, 복지, 윤리, 서비스, 공익 등)과 튼튼한 자본이 뒷받침이 될 때 경쟁에서 승리할 수 있다. 그런데 이렇게 하여도 경쟁에서 이기지 못할 때가 있다. 그럴 때 기독교 기업이나 사업가들은 어떻게 해야 할까? 우리 그리스도인들은 하나님의 도움을 간구해야 한다. 그리고 그 사업을 통해 어떻게 하나님의 일을 할 것인가에

대한 분명한 목적이 있어야 한다. 여기에 하나님의 도우심이 있다.[85]

필자는 짧은 목회 경험을 통해 사업을 하는 성도들에게 이 점을 강조했다. 성도들 중에는 조그마한 시장에서부터 중소기업을 경영하는 사람들까지 매우 다양한 업종의 사람들이 있다. 기업을 확장하거나 새롭게 개업을 했을 때, 기업하는 사람으로서 반드시 지키며 실천해야 할 몇 가지 기업 윤리와 기업인의 태도에 대하여 당부하면서 마태복음 25장의 달란트의 비유를 들어 이익을 얻는 성경적 원리를 이야기한다. 그 원리가 무엇인가? 하나님께서 우리 인간에게 주신 달란트, 즉 재능을 가지고 일을 할 때 먼저 계산하고 생각하고 기대해야 하는 것이 있다. 대부분의 기업을 하는 사람들이라면 이 사업 혹은 장사를 통해 얼마의 이익을 남기면 투자의 비용과 인건비와 순이익이 남을지, 그리고 앞으로의 기업이나 사업 확장을 위해 얼마를 더 투자할 것인지를 먼저 생각할 것이다. 그러나 필자가 성경을 통해 얻은 교훈은 오히려 그 반대이다.

마태복음 25장은 특별히 물질 소유에 대해 청지기로서 그 물질을 어떻게 사용하고 관리하고 처분해야 할 것인가를 말하고 있다. 본문의 비유에서 두 달란트와 다섯 달란트를 더 받은 자와 한 달란트를 가지고 있다가 그것마저 빼앗긴 자를 잘 비교하고 묵상해 보면 성경의 깊은 교훈을 얻게 된다. 두 달란트와 다섯 달란트 받은 자들은 그들이 받은 달란트를 땅에 묻어두지 않았다. 즉, 그 달란트를 활용하고 사용했다는 것이다. 그러나 받은 달란트를 사용하지 않고 땅에 묻어 두었던 사람은 그가 가진 한 달란트 마저 빼앗겼다. 이 비유에서 사업하는

---

85) Cf. 한정화, op.cit., pp. 25-27.

자들은 두 가지를 깊이 생각하고 어떠한 어려움이나 물질의 유혹이 와도 그 목적과 결심대로 실천해야 한다.

첫째, 비록 내가 시작하는 사업일지라도 이것은 하나님께서 나에게 위임해 주신 하나님을 위한 사업이라고 생각하는 것이다. 만일 이것을 내 사업이라고 생각한다면 모든 경영을 내 마음, 내 뜻대로 하게 된다. 하나님은 그의 자녀들에게서 이러한 것을 원하지 않으신다. 하나님은 '이것이 내 것'이라고 생각하는 자의 사업에 관심을 두지 않으신다. 우리가 받은 것이 어찌 우리의 것인가? 우리의 것은 아무 것도 없다. 모두가 하나님의 것이다. 다만 우리는 이 땅 위에서 하나님의 것을 잠시 동안 위임받아 생산하고 확장하고 사용하고 처분하고 즐기다가 나중에 하나님께 되돌려 드릴 뿐이다.

둘째, 우리는 하나님에게서 받은 달란트를 잘 활용하고 사용해야 한다. 여기서 우리 그리스도인이 잘 생각해야 할 부분이 있다. 일반적으로 모든 사람들은 이 사업이나 기업을 통해 내가 얼마 동안 얼마의 이윤을 남기고 돈을 벌 것인가를 먼저 생각한다. 목적이 돈을 버는 데 있다. 이 생각이 바뀌어야 한다. 돈을 벌기 위해 사업을 하지 말라는 것이다. 오히려 돈을 쓰기 위해 사업을 해야 한다. 두 달란트와 다섯 달란트 받은 자들은 그들의 달란트를 땅에 묻어 두지 않았다. 즉시 그것을 사용했다. 사용하여 이윤을 남겼다. 우리는 우리의 사업을 사용하고 활용해야 한다. 돈을 벌어서 나의 이익과 이윤을 챙기려고 생각하지 말고 먼저 하나님의 복음을 위하여, 나라를 위하여, 교회를 위하여, 성도를 위하여, 선교를 위하여, 이웃을 위하여, 후손들을 위하여 어떻게 사용할지를 생각해야 한다. 이것은 비상식적인 말로 들릴 수 있다. 돈을 벌지도 않고 쓸 것을 먼저 생각하란 말인가? 그러나 이것이 성경이 말하는 축복의 원리다. 물론 그렇게 하는 것이 쉽지는 않다. 그러기에 축복 받는 자도 많지 않다. 그러나 이것을 지키고 명심하고 실천할 때 기업은 성장하고 매출은 늘어나고 사업이 성공하는 것을 필자는 보아 왔고 지금도 보고 있다.

셋째, 남에게 피해를 주지 않는 선한 경쟁을 해야 할 것이다. 바울은 그리스도인들에게 선한 싸움을 싸우라고 가르치고 있다(딤전 6:12; 딤후 4:7). 선한 싸움, 즉 선한 경쟁이 되지 못하고 다투고 싸우는 경쟁은 남을 미워하고 남에게 손해를 주게 된다. 남에게 손해를 주면서까지 이기려고 하는 것은 인간의 욕심 때문에 일어나는 것이다(약 4:1, 2). 욕심은 죄를 짓게 한다. 그래서 야고보 사도는 욕심이 생겨나 죄를 짓게 하고 죄가 커져서 결국은 사망을 가져오게 한다고 말했다(약 1:15). 남을 헐뜯고 비방하고 싸움을 하다가 서로 죽이고 결국 망하게 되는 경우를 많이 보고 있다. 그러므로 남을 파괴하는 경쟁을 피하고 선한 경쟁으로 기업 활동에 승리해야 할 것이다.

넷째, 그리스도인들은 다른 사람의 사업에 의혹을 불러 일으킬 수 있는 근거도 없는 나쁘고도 모욕적인 소문을 퍼뜨려서 경쟁자의 명성을 손상시켜서는 안 된다. 이것은 소비자들을 속이는 것이다. 이런 근거 없는 불신을 조장해서는 안 된다. 하나님은 거짓이나 헛소문을 좋아하지 않으신다. 공정치 못한 이익을 취하기 위해 남을 속이는 것은 잘못이고 죄이다. 그래서 하나님은 9계명에서 "네 이웃에 대하여 거짓 증거하지 말라"고 말씀하신 것이다.

다섯째, 그리스도인들은 다른 경쟁자들에 대해서도 존경과 친절을 보여야 한다. 그들도 하나님의 형상으로 창조된 사람들임을 인식하고, 오히려 상품의 품질이나 고객에 대한 서비스로 승부를 걸어야 한다. 경쟁자를 짓밟는 사업 태도는 그리스도인답지 못한 것이다. 그리스도인은 사업에 있어서도 다른 사람을 섬길 수 있어야 한다. 그래야 우리가 이 땅에서 함께 살지 않겠는가?

마지막으로 기업은 자기 혼자 힘으로 하는 것이 아니다. 적어도 상품 생산에서는 협동적이어야 한다. 오늘날 기업은 분업적 구조를 가지고 있고 협력적 생산을 하고 있다. 여기서 기업가는 기업을 오로지 생산과 제품을 판매하는 돈벌이(money making)로만 생각하지 말고 영적 은사를 교환할 수 있는 복음 전도의 기관으로 생각할 수 있어야 한다. 오늘날 많은 기업가들이 기업을 복음 전도의 현장으로 생각하고 하나님 중심의 사업을 위해 노력하고 있다. 근로자의 인권과 복지를 생각하고, 물질적 부(wealth)에 대한 사회적 환원을 실천하고, 정직과 근면과 성실을 바탕으로 기업 공동체의 윤리관을 실천하고 있다. 이러한 기업은 경쟁에서 반드시 승리한다.

6) 이자(interests)에 관한 성경적 평가

기업이 가지고 있는 목적 중에 하나는 제품을 생산 판매하여 이윤을 남기는 것이라고 할 수 있다. 만약 기업 경영에서 이윤이 없으면 기업은 생존해 갈 수 없다. 기업인들에게 '왜 사업을 하고 물건을 만들며 투자를 하는가?'를 물어보면, 아마 대부분의 사람들이 돈을 벌고 이윤을 얻기 위해서 라고 대답할 것이다.

이처럼 기업에 있어서 이윤이 없다면 기업을 경영하는 소유주와 투자가들에게는 아무런 의미가 없다. 기업에서 이윤은 확대 재생산과 성장 발전을 위한 자원이며 성과의 척도로 볼 수 있다. 성경은 기업 경영에 있어 이윤의 발생을 부정적으로 보거나 잘못된 범죄 행위로 평가하고 있지 않는다.

오히려 달란트와 므나의 비유에서 보면 일(장사)하여 이윤을 남기지 못한 자를 불의하고 무책임한 자라고 책망하고 있음을 알 수 있다.[86] 자본주의 관점에서 볼 때, 금융 거래시 돈을 빌려 주고 받는 과정에서 이자를 부과하는 일은 기업 성장을 촉진시키는 데에 필요한 것이다. 사회의 경제적 발전을 위해 돈은 효과적으로 사용되어야 하고, 자본과 부의 증진을 위해서 돈을 사용한 사람들에게는 적절한 이자가 부과되어야 한다는 것이다. 사회 안에서는 자금의 효과적 사용을 위해서는 우선적으로 신용 거래가 이루어져야 하며, 이는 대기업이나 중소기업 그리고 영세 상인들에게 이르기까지 사업하는 자들이라면 누구나 실천해야 할 근본적인 상업 윤리라고 볼 수 있다. 이러한 신용 거래를 통해서 사업하는 자들에게나 자금이 부족한 사람들에게는 자신의 자본을 가지고 기업을 경영하도록 하는 길을 열어 주게 된다. 즉 이자는 자본을 빌려 주고 빌리는 과정에서 상호 유익을 도모하는 일이므로 당연히 부과되어야 한다.

(1) 대부(loans)와 이자(interests)에 관한 구약 성경의 교훈

구약 성경은 가난한 자에게 이자를 부과하는 것을 금지하고 있다. 먼저 이자나 이식에 관한 부분을 살펴보자. "네가 만일 너와 함께 한 나의 백성 중 가난한 자에게 돈을 꾸이거든 너는 그에게 채주같이 하

---

86) Cf. 한기수, 「성경적 경제관과 기업관」(엠마오, 1995), pp. 25-30.

지 말며 변리를 받지 말 것이며"(출 22:25). 이 말씀은 어떤 사람이 가난한 이스라엘 백성에게 돈을 빌려 준다면 돈을 빌려 주는 자같이 행동하지 말고 그에게 이자를 지불할 것을 요구하지 말라는 말이다. "네 동족이 빈한하게 되어 빈손으로 네 곁에 있거든 너는 그를 도와 객이나 우거하는 자처럼 너와 함께 생활하되 너는 그에게 이식(interest)을 취하지 말고 네 하나님을 경외하며 네 형제로 너와 함께 생활하게 할 것인즉 너는 그에게 이식을 위하여 돈을 빌려 주지 말고 이익을 위하여 식물을 빌려 주지 말라"(레 25:35-37; 신 23:19). 위의 성경 말씀처럼 이 구절에서도 빌려 준 돈이나 물질에 대해 어떠한 이자도 부과하지 말도록 한 것은 오직 이스라엘 백성들에게만 적용되는 것이다.

이러한 성경의 법은 특별히 가난한 자들을 위한 보호 규정이라 할 수 있다. 이 법은 인류 사회 안에서 특별히 가난한 자에 대한 하나님의 관심이라고 볼 수 있다. 하나님께서 약자를 위한 이러한 보호 규정을 두시지 않으셨다면 아마 가난한 자들은 이 땅 위에서 영원히 가난한 자로 살 수밖에 없을 것이다. 성경은 인류 사회 안에는 빈부가 항상 공존한다는 보편적인 사회 현상을 이야기한다. 그렇다고 가난한 자들에 대해 무관심하라는 것은 아니다. 가난하여 남에게 빌려서라도 살아가려고 하는 사람들에게 이자를 요구한다면 그것은 자신만을 위한 것이다. 어려운 가운데서 빌리는 형제의 경제적 난관을 이용하거나 어려운 생활에 경제적 부담을 주어서는 안 된다는 말이기도 하다. 이러한 도의적 원리에서 볼 때 그리스도인은 가난하고 멸시받고 천대받는 소외된 사람들을 그리스도의 사랑으로 보살펴 주어야 한다는 사회적 책임을 느껴야 한다.

하나님께서는 부채를 탕감해 주는 해를 정하시고 그 일을 제도화 하셨다. 비록 이자를 받지 말고 빌려 준 돈이라 할지라도 그의 형제가 갚을 능력이 없을 때 그것을 독촉하지 말고, 7년째 되는 안식년에는 모든 부채를 탕감해 주도록 하는 규정을 선포하셨다(신 15:1-11; 31:10). 이 법도 약한 자들인 채무자들에 대한 보호 규정이라고 할 수 있다. 그러나 여기서 규정해 놓은 법은 부채의 완전한 탕감을 의미하는 것이라기보다 안식년에 국한된 부채의 탕감을 의미한다고 보아야 한다.

안식년에는 땅의 휴식으로 인해 소득이 중단되기 때문에 그 해에 국한된 빚 독촉의 면제 규정으로 보아야 한다는 것이다. 만일 이 법령이 지난 6년 동안 빌린 부채의 모든 탕감을 의미한다면 사회적 혼란이 일어날 수도 있다. 실제로 가난하지 않거나 양심이 고약한 사람들은 갚을 능력이 있어도 안식년까지만 버티면 탕감 받을 수 있다는 것을 알고 이 법을 악용할 수도 있기 때문이다. 이방인들에게는 안식년의 채무 면제 혜택이 주어지지 않았다. 이방인들은 안식년에도 계속 경작하여 소득을 올리고 있었기 때문에 이들에 대한 빚 독촉은 허락되었다.

성경은 이스라엘 백성이 아닌 타국인에게 이자를 받는 것은 허락하고 있다. "네가 형제에게 꾸이거든 이식을 취하지 말지니 곧 돈의 이식, 식물의 이식, 무릇 이식을 낼 만한 것의 이식을 취하지 말 것이라 타국인에게 네가 꾸이면 이식을 취하여도 가하거니와 너의 형제에게 꾸이거든 이식을 취하지 말라 그리하면 네 하나님 여호와께서 네가 들어가서 얻을 땅에서 네 손으로 하는 범사에 복을 내리시리라"(신 23:19, 20). 이 곳 신명기의 말씀은 돈이나 식물의 차용에 대해 이자를 물리는 대부에 관하여 기록한 유일한 성경 구절이다.[87] 이스라엘 백성 중에 가난한 자가 생계 유지를 위해 돈이나 식물을 차용한 경우에는 이자를 받지 말도록 했다. 그러나 상거래에서 이웃 민족에게 금전이나 식물을 대여한 경우 이 때는 당연히 이식을 취할 수 있도록 했다. 왜냐하면 이방인들은 율법 밖에 있는 자들로서 율법의 혜택을 받을 수 없는 자들이고 그들은 더 많은 이윤을 남기려는 목적으로 돈을 빌려간 자들이기 때문이다. 이러한 제도를 규정하신 하나님의 의도는 그의 백성들 가운데서 경제적으로 빈궁한 자가 없이 하나님이 주신 영적인 복과 물질적 축복을 함께 나누도록 하는 데 있다. 가난한 자에게 이자를 받으면 그의 생계를 더욱 압박하는 것이 되기 때문에 약자에 대한 보호와 이웃 사랑의 정신에 입각하여 율법은 이를 금지시켰다. 그러므로 경제적인 형편이 어려운 이웃에게 돈을 빌려 주어 타인의 곤란을 나의 이익의 기회로 삼아서는 안 될 것이다.

성경은 가난한 이웃에게 자비를 베풀려 하지 않고 그들의 파산을 자신의 부(富)를 증식하는 기회로 이용하는 사람들을 책망하고 있다.[88] 이와는 달리 상인들이나 무역업자들이 돈을 빌려 가서 이것을 사업에 운용하여 자본을 늘려 사업 확장을 위해 썼다면, 대부에 대한 적절한 이자를 지불하는 것은 자연스럽고 정당하다고 본다. 그러므로 기업의 확장과 발전을 위해 많은 돈을 투자하는 자들에게 이자를 부과하는 것과 가난한 이웃들이 생계 유지를 위해 빌린 돈과는 그 사용의 용도가 다르다는 것을 알아야 한다.

---

87) W. C. Kaiser, *Toward Old Testament Ethics*, p. 214.
88) 참고, 예레미야 15:10; 에스겔 18:13, 22:12; 느헤미야 5:1-13.

(2) 대부와 이자 놀이 금지에 관한 평가

하나님께서는 이스라엘 백성들이 자기 형제들에게 돈이나 식물을 빌려 주고 이자를 받는 일은 엄격히 금지하셨지만, 반면에 타국인들에게 돈이나 식물을 빌려 주고 이자를 받는 것은 허락하셨다. 초기 이스라엘 사회 안에서 타국인들은(종으로 팔려 온 자들이나 동맹을 맺어 함께 거하는 자들) 도시 지경 안에서 살아가는 것은 허락이 되었으나 자신의 땅을 가지고 농촌에서 사는 것은 허락되지 않았다. 또한 그들에게는 어떠한 정치적인 참여도 허락이 되지 않았다. 그래서 생활을 위해서 그들이 할 수 있었던 것은 임금을 받는 노동이나 자신들의 개인 사업뿐이었다. 특별히 타국인들은 이스라엘 국가의 율법이나 사회 체제에 직접적인 규제를 받지 않기 때문에, 그들의 상거래를 위해 빌려간 돈이나 식물에 대해서는 당연히 이자를 받도록 하신 것이다. 이러한 성경의 말씀은 돈이나 식물을 대출해 주고 이자를 받는 것을 무조건 금지시키신 것이 아니라 상황에 따라 허락한 적절한 조치였으며, 이스라엘 백성들이 상업적인 기업을 발전시키는 일에 자본을 사용하는 적절한 방법을 제시한 것으로 볼 수 있다. 타국인들에게 자신들의 임금 노동으로 살아가도록 제시한 성경의 사상에 기초하여 마르크스(K. Marx)가 임금 노동은 인간의 생존을 위한 유일한 희망이라고 말하지 않았나 추측해 본다.

돈이나 식물을 대출해 주는 과정에서 이자의 부과를 금지한다고 해서 자본주의 체제 하에서 한 개인이 거대한 부와 재산을 축적하는 것을 막을 수는 없을 것이다. 그러나 이자 놀이에 대한 금지는 거대한 부와 재산을 축적하는 속도를 느리게 하는 데 조금은 기여할 수 있다. 기업 경영에 있어서 자신이 가지고 있는 자금이든지 혹은 빌린 자금이든지 그것이 유용하게 사용된다면 훨씬 더 많은 자금을 증식시킬 수 있을 것이다. 이윤과 지출이 늘 따라다니는 기업 경영에서 사업주가 자본을 사용하고 사업 발전의 방향을 제시한다면 그러한 사람은 사회에서 오히려 책임 있는 사업가로 인정받게 될 것이다. 비록 이자를 부과한다 할지라도 이러한 자본의 대출은 오늘날의 기업이나 회사들이 경영 부실로 일어나는 재난을 막는 일에 큰 도움을 줄 수 있다.

인간 생활은 가족이란 단위로 구성되어 있고 인간은 그 기초 위에서 살아가고 있다. 이러한 사회 속에서 개인들이 가지고 있는 자금을 유용하게 사용하고 또 빌려 줌으로 인해 더불어 사는 행복한 사회 생활을 추구할 수 있다. 가족 단위의 사업이나 소규모의 중소기업을 운영하는 사람들에게 자금을 빌려 주고 빌리는 것은 그들로 하여금 사업이 가족과 공동체의 일이라는 관심을 갖도록 해 준다. 그런데 새로운 사업을 시작하려고 하는 친구나 친척으로부터 자금을 빌려 달라는 부탁을 받게 되는 경우가 있다. 그럴 때에는 친구나 친척이라는 관계의 친밀함 때문에 중요하고도 어려운 결정을 해야 할 것이다. 만일 그가 빌려 주는 것을 거절한다면 친구와 친척은 사업할 기회를 잃을 수도 있고 친밀했던 관계에 금이 갈 수도 있고 심지어 그 이상의 나쁜 관계가 될 수도 있다. 이러한 경우 적절한 수준에서 이자를 부과하고 돈을 빌려 준다면 인간 관계를 더욱 돈독히 할 수 있고, 돈을 빌려 줌으로 자금의 사용을 통해 개인과 지역의 경제 발전에 조금이라도 기여하게 된다. 그리고 그것은 우정의 관계를 더욱 단단하게 해 줄 수도 있다. 그러나 친구나 친척 관계의 금융 거래는 참으로 어렵다. 이러한 경우에도 일반 금융기관처럼 확고한 약속 체결이라든지 담보를 받아 두어야 할 것이다.

신약 성경 달란트(마 25:14-30)와 므나(눅 19:11-17)의 비유에서 이자 부과에 대한 긍정적인 면을 볼 수 있다. 특별히 달란트의 비유에서 주인이 타국으로 가면서 그 종들에게 다섯 달란트, 두 달란트, 그리고 한 달란트를 맡기고 떠났다. 오랜 후에 주인이 돌아와 달란트를 맡긴 종들과 결산하면서, 받은 달란트로 장사하여 갑절의 이윤을 남긴 종들에게는 착하고 충성된 종이라고 칭찬을 했지만 한 달란트를 받아 장사하지 않고 땅에 묻어 둔 종은 악하고 게으른 자라고 책망했다. 27절에서 한 달란트를 땅에 묻어 둔 자를 책망하면서 주인은 "그러면 네가 마땅히 내 돈을 취리하는 자들에게나(여기 취리하는 자들은 이자 놀이 하는 자 또는 은행을 지칭함) 두었다가 나로 돌아와서 내 본전과 변리(이자)를 받게 할 것이니라"고 했다. 두 달란트와 다섯 달란트 받은 자는 그것으로 장사하여 백 퍼센트의 이윤을 남겼다. 이것은 자본의 유통이나 사업을 위해서 돈을 활용하여 원금과 함께 이자를 남긴 것은 정당한 것임을 암시해 주고 있다. 오히려 예수님은 이윤을 남기지 못한 자에게 너는 심지 않은 데서 수확하고 뿌리지 않은 데서 거두는 자로 알았느냐고 책망하고 계신다. 그러므로 구약 성경이나 예수님의 비유에서 볼 때 돈이나 물건을 빌린 것에 이자를 부과하는 것은 그 자체가 죄가 된다고 할 수 없다.

그러나 오늘날 자본주의 체제 하에서 볼 때 증권 투자나 사채 놀이에 대해서 비평해야 할 점이 있다. 먼저 증권 투자는 당연히 투기적이라 할 수 있다. 증권 시세는 매일 시간에 따라 다르게 변동하므로 주가가 오를 때 팔면 돈을 벌고 주가가 내리면 손해를 보기도 한다. 만약의 경우에 회사가 부도나거나 망하면 그 주식은 휴지 조각이 될 수도 있다. 이는 대한히 위험한 투기이다. 물론 경제가 호전되거나 그 회사가 크게 발전하고 성장해 간다면 회사의 주가가 상승하여 투자자에게 많은 이윤을 안겨 주게 될 것이다. 그러나 주식 투자는 예측할 수 없는 변동으로 갑자기 돈을 벌기도 하고 손해를 보기도 하므로 투기적이라 할 수 있다. 내가 금융 시장에 투자한 자본은 기업을 통해 생산적이고 국민 경제의 번영을 위하여 쓰여져야 한다. 그래서 기업가는 기업이 남긴 이윤을 주식 투자가들에게 분배해야 한다. 그러나 투자하는 사람이 자금을 이리저리 돌려 이자 놀이를 하거나 무즈건 증권 투자에만 매달려 일확천금을 노린다면 이것은 신앙인으로서 취할 태도가 아니다. 하나님께서 주신 신성한 노동을 통해 부(富)를 모으고 재산(財産)을 증식시킨다면 이는 정당한 것으로 평가할 수 있으나, 자본을 굴려 이윤으로 부를 축적한다면 인간 모두에게 허락하신 노동의 원리에서 빗나간 것이다. 예수님께서 마귀로부터 시험을 받으실 때 마귀는 예수님에게 "돌들이 떡덩이가 되게 하라"(다 4:3)고 했다. 그러나 예수님은 단호히 거절하셨다. 돌을 떡덩이 되게 하는 일은 노동 없이도 먹을 수 있다는 것을 보이는 것이다. 그래서 예수님은 이 불로소득의 요구를 단호히 거절하셨던 것이다. 그러므로 이자놀이나 증권 투자는 다분히 불로소득을 꿈꾸는 자들이 행하는 행동인 것을 분명히 깨달아야 한다. 만일 이렇게 하여 돈을 번다면 누가 노동을 하려 하겠는가? 모든 사람이 힘들게 노동하지 않고 가만히 앉아서 돈을 벌려고 하며, 주가가 올라가기를 바라며 요행을 기다리는 투기꾼들이 될 것이다.

    하나님은 일하는 분이시다. 지금도 일하고 계신다. 하나님은 인간을 일하도록 창조하셨고, 일하도록 만물을 맡기셨다. 그리고 종신토록 수고하고 얼굴에 땀을 흘리며 일하여 그 소산을 먹도록 하셨다. 이것은 인류 모두에게 필연적인 것이다. 그러기에 하나님께서는 노력하지 않고 손을 들어 생명 나무의 실과를 따먹고 영생하려는 것을 막으셨다(창 3:22). 그러므로 우리 그리스도인들은 나의 재능을 따라 맡겨진 그 일에 성실과 근면을 바탕으로 최선을 다하고 하나님의 영광과 복음 증거와 이웃 사랑의 실천을 위해서 우리가 가진 꿈과 비전을 성취하도록 믿음 안에서 지혜롭게 살아가야 할 것이다. 소극적이기보다 적극적이고, 부정적이기보다 긍정적이며, 이기적이기보다 희생적이고, 나 중심적이기보다 사회 공동체 중심적으로 살아가는 것이 하나님을 기쁘시게 하는 일이라 생각한다.

6 맺는 말

6장 맺는 말

 필자는 이 글에서 사회주의와 자본주의 경제 사상과 주된 강조점을 이해하고 두 경제 체계의 사상을 성경에 입각한 기독교 사회 윤리적 관점에서 평가하고 비평해 보았다. 연구가 미흡하고 부족한 점이 많아 다소 경제적 관점에서 빗나간 부분들도 있으리라고 생각한다. 그러나 필자는 개인적으로 '어떻게 하면 그리스도인으로서 바르고 진실하게 살 수 있을까?' '어떻게 하면 하나님의 마음에 꼭 맞는 사람이 될 수 있을까?'를 늘 고민하면서 살아가고 있다. 비록 나 자신도 넉넉지 못한 목회자의 삶을 살고 있지만 남을 돕는 일에 앞장서고 더 많은 사람들과 따뜻한 그리스도의 사랑을 실천하며 살려는 중심은 변함이 없다. 그리고 아무리 세상이 악해져 가고 인간의 권모술수가 판을 친다 하여도 하나님 앞에서 진실하고 솔직하고 겸손하게 살아가기를 바라고 있다.

 이러한 마음을 가지고 미흡하나마 많은 학자들의 글을 참조하면서 나름대로 세워 놓은 경제 윤리의 견해를 밝혀 보았다. 특별히 십계명을 비롯하여 다른 율법의 가르침을 바탕으로 경제 윤리의 성경적 원리를 제시해 보려고 노력했으며, 방대한 사회주의 경제 이론을 다 이해하지 못하였지만 윤리적 관점에서 사회주의를 평가하고 장단점들을 파악하여 나름대로 윤리관을 제시했다는 것을 큰 위안으로 삼고 싶다. 또한 자본주의 사상과 관련된 다양한 문제점들을 성경적 관점에서 평가하고 윤리적 관점에서 비평해 보았다. 이 부분에서 자본주의가 가지고 있는 장단점들을 윤리적 관점에서 바르게 이해할 수 있도록 평가하고 비평한 점은 한국 교회 그리스도인들에게 조금이나마 도움이 되는 부분이라고 믿는다.

자본주의 경제 사상은 많은 장점으로 인간 사회에 공헌했다. 그러나 사회 속에 불안을 조성하는 부정적인 요소도 없지 않다. 사회 경제적 사상이 인류 사회에 공헌하고 있다면 무엇이 좋은 점인가를 알아야 하며, 부정적인 면이 있다면 그것을 분석하여 윤리적 관점에서 바르게 비평할 줄 아는 시각도 가져야 한다. 인간 사회란 자기 혼자 사는 곳이 결코 아니다. 더불어 살아가는 곳이다. 여기에는 서로가 지켜야 하고 실천해야 하는 사회적인 책임성이란 것이 있다. 어느 경제 사상이든지 인류 공동체를 위해 필요한 사상이라면 그 사상은 공동체를 위한 사회적 책임을 수반하고 있음을 알아야 한다. 이 점을 강조하지 않고 그 경제 체제가 추구하는 목적에만 최고의 가치를 둔다면 인간이 가지고 있는 영원한 생명의 가치를 잃게 될 것이고 인생의 주인을 만날 수 없게 될 것이다. 그리고 인간은 물질의 노예가 될 것이며 이 세상 다음에 따라오는 영원한 세상을 잃어버리게 될 것이다.

오늘 우리 사회는 물질이 신이 되어 버렸다. 많은 그리스도인들도 하나님을 섬기고 사랑한다고 말하지만 마음 속으로는 물질을 더 사랑하고 섬기는 것이 사실이다. 그리고 지도자이든 평신도들이든 신앙과 믿음을 생활의 방편으로 삼거나 돈 버는 수단으로 삼으려고 한다. 안타까운 현실이다. 머지않아 역사의 한 시점에서 몰락을 가져온 로

마시대의 멸망이 다시 밀려올까봐 두려움이 앞선다. 주님이 언제 재림하실지 모르지만 우리 후손들에게 바른 신학과 신앙을 계승해 주어야 하지 않겠는가? 물질때문에 범죄하고, 타락하고, 가정이 파괴되고, 천륜이 무너지고 도적질하고, 죽인다면 이에 대해 우리는 어떻게 해야 할 것인가? 힘들고 어려워도 주님의 뜻이 아니라권 성경을 붙들고 세상을 역류하여 진리의 길을 걸어가야 하지 않을까? 잘못된 경제 사상이라면 사회주의이든 자본주의이든 사회 윤리적 관점에서 비평하고 바른 성경적 사상과 방향을 제시해 주어야 하는 것이 기독교 지도자들의 사명이라고 생각한다.

이 글에서 다르어진 내용들이 그리스도인의 경제 생활에 많은 도움이 되기를 진심으로 바란다.

참고도서

김재영. 「직업과 소명」. 서울: IVP, 1990.
김세열. 「기독교 경제학」. 서울: 무실, 1990.
문영진 편집. 「성서백과 대사전」. 서울: 성서교재간행사, 1981.
송병락. 「마음의 경제학」. 박영사, 2001.
스탠포드 레이드. 홍치모 옮김. 「요한 칼빈은 자본주의 창시자인가」. 성광문화사, 1984.
앙드레 비엘러(Andre Bieler). 홍치모 역. 「칼빈의 경제 윤리」. 성광문화사, 1992.
이만기. 「기독교와 경제 윤리」. 서울: 일신사, 1992.
정성구. 「칼빈주의 사상대계」. 총신대학 출판부, 1995.
하웃즈바르트. 정세열 옮김. 「자본주의와 진보사상」. IVP, 1989.
한정화. 「경쟁과 전략에 대한 성경적 관점」. 서울: 엠마오, 1995.
한기수. 「성경적 경제관과 기업관」. 서울: 엠마오, 1995.
황봉환. 「크리스천과 자본주의」. 엠마오, 1996.
M. Weber. 권세원,강명규 역. 「프로테스탄티즘의 윤리와 자본주의 정신」. 일조각, 1987.
J. Calvin. 김문제 역. 「기독교 강요」. 서울: 세종 문화사, 1976.
G. 하르다하, D 카라스. 정명기 역. 「사회주의 경제이론」. 한마당글집, 1986.
Donald A. Hay. *Economics Today*. Apollos: IVP, 1989.
R. C. Chewning, J. W. Eby. Shirley. J. Roels. *Business through the Eyes of Faith*. England:Apollos, 1992.
W. C. Kaiser. *Toward Old Testament Ethics*. Michigan: Academis Books, 1983.
R. Roberts. *The Law of Moses*. Birmingham: The Christadelphian, 1979.
H. Bonghwan. *The Theology of Property: A Consideration of Christian Responsibility of Ownership and Use in the Bible and Tradition*. Wales University, Ph. D. Thesis, 1995.
B. Griffiths. *The Creation of Wealth*. London: Hodder and Stoughton, 1984.
R. H. Preston. *Religion and Persistence of Capitalism*. London: SCM, 1979.
J. Calvin. *Institutes of the Christian Religion*. Philadelphia: Westminster Press,

1960.

R. H. Tawney. *Religion and Rise of Capitalism*. John Murray and Harcourt, 1926.

R. H. Preston. *Religion and the Ambiguities of Capitalism*. SCM Press, 1991. *Religion and the Persistence of Capitalism*. SCM Press, 1979.

P. H. Ballard. *Towards A Contemporary Theology of Work*. The Industrial Committee. Council of Churches for Wales, 1982.

J. T. Hoogstra(ed.). *John Calvin Contemporary Prophet*. Baker, 1959.

M. Weber. *The Protestant Ethic and the Spirit of Capitalism*. George Allen and Unwin, 1930.

K. Samuelsson. *Religion and Economic Action*. William Heinemann, 1959.

L. F. Schulze. *Calvin on Interest and Property; Some Aspects of His Socio-Economic View*. 1984.

G. R. Potter and M. Greengrass. *John Calvin*. Edward Arnold, 1983.